职业教育教学资源建设与创新研究

韦 鹏◎著

吉林出版集团股份有限公司
全国百佳图书出版单位
·长 春·

图书在版编目（CIP）数据

职业教育教学资源建设与创新研究 / 韦鹏著. -- 长春 : 吉林出版集团股份有限公司, 2022.12
ISBN 978-7-5731-2263-6

Ⅰ.①职… Ⅱ.①韦… Ⅲ.①职业教育－教学研究 Ⅳ.①G712.0

中国版本图书馆CIP数据核字(2022)第175829号

ZHIYE JIAOYU JIAOXUE ZIYUAN JIANSHE YU CHUANGXIN YANJIU
职业教育教学资源建设与创新研究

著　　者	韦　鹏
责任编辑	宫志伟
装帧设计	墨尊文化

出　　版	吉林出版集团股份有限公司
发　　行	吉林出版集团社科图书有限公司
地　　址	吉林省长春市南关区福祉大路5788号　邮编：130118
印　　刷	唐山富达印务有限公司
电　　话	0431-81629711（总编办）
抖 音 号	吉林出版集团社科图书有限公司　37009026326

开　　本	787 mm×1092 mm　1 / 16
印　　张	10.5
字　　数	200千
版　　次	2023年1月第1版
印　　次	2023年1月第1次印刷

书　　号	ISBN 978-7-5731-2263-6
定　　价	58.00元

如有印装质量问题，请与市场营销中心联系调换。0431-81629729

前　言

《国家职业教育改革实施方案》指出，"职业教育与普通教育是两种不同教育类型，具有同等重要地位"，正式确定职业教育在我国教育体系中是单独种类的教育。与普通教育相比，注重实践且与行业、企业、劳动力市场联系更为紧密是职业教育的显著特征。针对当前产业领域对于人才需求的新形势，教育部门对于职业教育有了新的举措，大幅度提升了实践课程的比例，目的在于提升学生的实践能力和核心专业素养。由于整个产业领域对于技能型人才的需求量持续增加，职业教育必然会获得越来越多的重视，职业教育的培养规模也会逐渐增大。近些年来，教育主管部门对于职业教育的重视程度越来越高，投入职业教育的各种资源也越来越多。

学校是以育人为主要目的的组织机构，教学则是实现育人目标的核心环节。可以说，教学在学校教育中处于中心地位，学校要卓有成效地实现培养目标，造就更多的合格人才，就必须以教学为主，并围绕教学来安排其他工作。教学是促进人全面发展的重要途径。教学对于个体发展的影响是直接而具体的，表现在个体个性发展的各个方面。教学是促进社会发展的重要手段。通过教学活动，人类历史经验的精华可以让青年一代在较短时间内基本掌握，个体的身心健康可以得到有力的促进，个体的发展可以在较短时间内达到人类发展的一般水平，为社会发展奠定必要的基础。

职业教育教学水平直接影响职业教育人才的培养质量，关注职业教育教学成为当前和今后一段时间内社会研究的焦点。本书基于当前的职业教育发展形势对职业教育教学资源建设与创新进行探讨，旨在为我国日后的职业教育教学实践提供参考。

本书在编写过程中参考了一些国内外研究学者的著作及资料，在此向他们表示诚挚的感谢。由于笔者编写水平有限，本书内容可能存在不足，望广大读者积极给予批评指正。

目　　录

第一章　职业教育教学概论

第一节　现代职业教育概述 …………………………………………… 1
第二节　职业教育教学理论流派 ……………………………………… 18
第三节　职业教育教学的特点与功能 ………………………………… 37
第四节　职业教育教学的目标与内容 ………………………………… 44

第二章　职业教育教学资源概述

第一节　职业教育教学资源的内涵与外延 …………………………… 64
第二节　职业教育教学资源的价值与地位 …………………………… 67

第三章　职业教育教学管理资源的变革

第一节　传统线下教学向线上线下混合式教学转变 ………………… 71
第二节　职业院校智慧校园建设与职业教育教学 …………………… 73
第三节　引领职业教育移动信息化系统建设的新方向 ……………… 89

第四章　职业教育教学的教材资源建设

第一节　"三教"改革下教材建设的新方向 ………………………… 92
第二节　教材建设与数字化资源生态建设的融合 …………………… 97
第三节　职业教育专业教学资源库开发 ……………………………… 100

1

第五章 职业教育教学资源的设计创新与实践应用

第一节 数字化教学资源在中等职业教育"计算机应用基础"课程中的实践应用 ·· 117

第二节 面向电气工程专业的职业教育"理实一体化"教学资源的设计和开发 ·· 145

参考文献 ·· 160

第一章 职业教育教学概论

第一节 现代职业教育概述

一、职业的含义与特征

（一）职业的含义

从词典释义看。在《牛津高级英汉双解词典》中，"vocation"指"工作、职业""占据某人时间的活动""（认为自己适合于做某事的）使命感""（对某种工作）天生的爱好或才能""行业、职业"。在我国，"职业"一词最早见于《国语·鲁语》："昔武王克商，通道于九夷百蛮，使各以其方贿来贡，使无忘职业。"这里的"职"指执掌之事；"业"是古代记事的方法，把要做的事在木棒上刻成锯齿状，有多少事情就刻多少个齿，做完一件就刻一个齿，即"修业"。所以，"业"的含义是事。"职""业"即为分内应做之事，与一定的社会分工和完成某件事所需要的技术技能相联系。

从职业发展历史看。随着奴隶社会的不断发展，农业与手工业、畜牧业分离，导致了脑体劳动的逐渐分离，并出现了最早的职业。在古代，有"官有职，民有业"一说。这里的"职"与"业"主要指的是朝廷人员与老百姓所从事的主要工作："职"指的是官事；"业"指的是农牧工商，也就是今天所指的行业。可见，在我国古代，职与业是分开赋予含义的。较早完整地使用"职业"一词，是在《荀子·富国》："事业所恶也，功利所好也，职业无分，如是，则人有树事之患，而有争功之祸矣。"到了近代，随着社会的进步，社会分工日益细化与复杂化，"职"与"业"逐渐连在一起使用，主要含义是：所谓职业，是指人们在社会中所从事的相对稳定的作为主要生活来源的工作，并以此为社会服务和体现自我价值的专门合法工作。可见，职业是参与社会分工，利用专门的知识和技能，为社会创造物质财富和精神财富，获取合理报酬作为物质生活来源，并满足精神需求的工作。其含义包含四个方面：

第一，职业必须是社会分工产生的，为社会所承认的、有益于社会的工作，与人类的需求和职业结构相关。

第二，职业必须是相对稳定的，不是可有可无的，也不是临时的，而是有一定的连续性，与职业的内在属性相关，强调利用专门的知识和技能。

第三，职业必须是"为群服务"的，是服务于社会也是社会所必需的，从而也是个人发展和实现人生价值的主要渠道，与社会伦理相关，强调创造物质财富和精神财富，获得合理报酬。

第四，职业是能够"为己谋生"的，是个人愿意以此获取生活资料的主要来源，与个人生活相关。

（二）职业的特征

职业作为一种劳动形式，它既有一般劳动形式的特征，也在产生和发展的过程中逐渐形成了与其他劳动形式相区别的特征，当代职业的特征主要表现在以下几个方面：

（1）目的性，即职业以获得一定的回报为目的。这种回报不一定限于物质、金钱等报酬，还包括理想的实现、个人价值的实现、兴趣爱好的满足等。

（2）规定性，即职业对从业人员素质的一定规定和内在要求，从事特定职业的从业人员必须具备职业所要求具备的专门素质。同时，从业人员必须在其中承担一定的职责。

（3）社会性，即职业是从业人员在特定社会生活环境中所从事的一种与其他社会成员相互关联、相互服务的社会活动，存在于各个环节中。

（4）稳定性，即职业在一定的历史时期形成，并具有一定的生命周期。

（5）规范性，即职业必须符合国家或地区的法律、从业标准和社会道德规范。

（6）群体性，即职业具有一定规模，是群体的共同行为，达不到一定数量，从业人员的劳动就不能成为职业。

（7）可变性，即职业的内涵与种类并不是一成不变的，会随着社会经济、产业结构的变化而发生改变。

（8）经济性，即对个人，职业是个人获取生活资料的主要途径；对社会，个人从事职业是促进社会经济发展的重要环节。

（9）技术性，即不存在没有知识、技术的职业。特别是在进入知识经济时代后，各种职业的技术含量不断增加，技术性更加突出。

（10）专门性，即任何一个职业都是要不断发展和完善的。因此，它的专门性也会越来越强，专业化程度越来越高。

（11）时代性，职业是不断发展变化的，新的职业不断产生，旧的职业不断消亡，每个时代都有自己的特色职业。

（12）多样性，即社会分工越来越细，职业的种类也必将越来越多，且具有多样性的特点。

（13）发展性，即职业是人发展的舞台，任何人的发展都离不开职业。

二、职业教育的概念与内涵

职业教育是一种复杂的教育活动，对其概念的认识也是复杂多样的。下面将从广义、狭义、外部、内部四个角度对其概念做归纳和分析。

首先，从广义的角度理解职业教育概念，包括三层含义：所有的教育和培训都具有职业性，均有职业导向，因为所有的教育都影响着个人的职业；职业教育和培训包含了所有类型的技术传授；职业技术既可以在家庭中传授，也可在工作单位和正规院校传授。

其次，从狭义的角度理解职业教育概念，也包括三层含义：职业教育就是培养高级工匠的教育；职业教育和培训仅包含操作性技能之类的技术传授；是同普通教育相对的以专门培养中级专业技术人才为目的的学校教育，处于大学层次之下，反映了教育体系内部的结构与分工。

显然，广义的职业教育概念混淆了职业教育与其他类型教育的差别，未区分出职业教育所传授的特定技术类型；而狭义的职业教育概念又把职业教育局限于操作技能训练和中等层次的程度上。因此，二者都没有真实、全面地反映出现代职业教育的真谛。

再次，2001年，联合国教科文组织通过的《修订的关于技术和职业教育的建议》认为："技术与职业教育"是作为一个综合术语来使用的，它所指的教育过程除涉及普通教育外，还涉及学习与经济和社会生活的各种职业有关的技术和各门科学，以及获得相关的实际技能、态度、理解力和知识。技术与职业教育进一步被理解为：

1. 普通教育的一个组成部分。
2. 准备进入某一就业领域以及有效加入职业界的一种手段。
3. 终身学习的一个方面以及成为负责任的公民的一种准备。
4. 有利于环境的可持续发展的一种手段。
5. 促进消除贫困的一种方法。

教科文组织所提出的上述概念，主要从职业教育的外部关系中阐述了职业教育的外延和作用，这样的表述更易于让大多数国家的政府接受并重视职业教育，这正是其用意所在。

最后，还需要从内部来审视职业教育的内涵。有学者论述了职业教育应该是一种不同于普通教育的独特的"教育类型",应该把职业学校真正办成遵循职业教育规律和特性、体现职业教育价值的教育机构,而不是作为低于普通学校的二流学校。还有学者将职业教育的概念表述为"职业教育是培养技术应用型、技能型人才的一种教育或培训服务"。并将其理解为五个要点:①职业教育是教育的一种类型;②职业教育不是培养所有职业的人才;③职业教育是一种服务业,为准备成为技术技能型人才提供教育服务;④职业教育培养的是人才,是在普通教育基础上进行的;⑤职业教育培养技术应用型人才、技能型职业人才。

作为独特教育类型的职业教育,在课程方面,是以就业能力为导向设置本位课程或工作过程课程;在教学方面,实施行动导向教学、实行工学结合的人才培养模式;对教师的素质要求是"职业实践能力+专业素养",并且是掌握职业教育理论的"双师型"教师;在学生评价方面,要求以学生获得职业胜任能力和职业资格为依据,重行而不唯知;在教师评价方面,要从重升学率和学术成果转向重就业导向的课程开发和教学应用与转化;在管理制度方面,要建立起符合职业教育规律与特色的管理制度;在教育体系方面,职业教育是横向"结成"体系,而普通教育是纵向"自成"体系。

职业教育是社会发展的产物,是人类文明发展的产物,是人自身发展到某个特殊时期的产物。职业教育受益于社会,促进社会发展是职业教育的应有之义和神圣职责。职业教育应包括两部分内容:

1. 职业技术学校教育,即学历性的职业教育,分为初等、中等、高等职业学校教育。

2. 职业培训,指按照职业或劳动岗位的要求,以开发和提高劳动者的职业技能为目的的教育和训练活动,是非学历性的短期职业教育。职业培训的形式多种多样。目前,我国的职业培训包括从业前培训、转业培训、学徒培训、在岗培训、转岗培训及其他职业性培训。根据实际情况,也将职业培训分为初级、中级、高级职业培训。因此,必须从下面几个方面准确把握职业教育的内涵:

(1) 职业教育是终身教育体系的一个组成部分。职业教育是对应其他教育存在的,没有其他类型教育也就不存在职业教育。职业教育作为终身教育的重要组成部分,对个人的职业化、经济社会发展和消除贫困等有重要价值。就个人而言,对教育有基本需求、从业需求和闲暇需求。职业教育可以满足个人从业准备的需求。因此,职业教育是个人终身教育和全面发展的一个方面、一个阶段、一个重点。

(2) 职业教育是建立在基础教育之上的。接受职业教育需要一定的文化科学知识做基础。受教育水平是接受何种层次职业教育的重要准入依据。高等职业教育以普通高中教育为基础,中等职业教育以初中文化教育为基础,初等职业教育以小学文化教育为基础。

（3）职业教育是职业定向教育。即按以职业或职业群为主要依据的专业类别培养人才。无论是全日制职业教育、部分时间制职业教育，还是职业培训，都是给予学生或从业人员从事某种特定职业或职业群所需的实际知识、技能和态度的教育，是为就业、转业做准备的，就是使"无业者有业，有业者乐业"。完成职业教育课程后，可以获得在劳务市场上从业的资格。职业人才有多种类型、多种层次。

（4）职业教育面向部分人群。主要面向技术性、技能性职业者，而非技术性职业者、学术性职业者、工程性职业者等。并且因国度不同、时代不同，技术性、技能性职业的声望和社会地位不同，职业教育的地位和作用差别较大。

（5）职业教育是一种服务。职业教育过程分别由教育、教学、管理和服务构成。职业教育过程的结果是转变学生。学生是顾客，职业教育机构向学生提供了学习、生活、劳动的设备设施，通过教职工的教育、教学、服务过程，为学生提供特定职业或职业群所需的知识、信息、方法，提高学生从业的实际技能、知识、认识，以及认识世界、改造世界的能力。因此，职业教育是一种高尚的服务业。

三、现代职业教育的目的及其结构体系

（一）现代职业教育的目的

现代职业教育是适应现代科学技术和生产方式，系统培养生产服务一线技术技能人才的教育类型。社会对职业教育的要求，就是对人才规格和质量的要求，即职业教育的目的。

职业教育的目的是根据不同社会的政治、经济、文化、科学、技术发展的要求和受教育者身心发展的状况确定的，它反映一定社会对受教育者的要求，是职业教育工作的出发点和努力方向，是制订教育规划、编制课程、开展教育活动、评价教育效果的价值尺度和根本依据，是进行教育教学改革、确定未来发展方向的基本指南。

一个国家的职业教育的目的，是这个国家教育的总目的或教育方针在职业教育系统中的具体反映，又是各级各类职业技术院校确定培养目标的依据。

职业教育目的具有明显的时代性、适应性、前瞻性和相对稳定性、连续性。至今，关于职业教育的教育目的，虽然还没有一个完整而公认的表述，但综观我国各个历史时期对职业教育目的的阐述，它应包含以下内容：

（1）全面发展。不同时期、不同层次、不同专业的职业教育目的，无不要求接受职业教育的对象全面发展。

（2）人才类型是技能型和技术型人才。

（3）人才层次是初、中、高级专门人才。目前，职业教育呈现层次高移的趋势，人才层次主要以高级专门人才为主。

（4）工作场合是基层部门、生产一线和工作现场。

（5）工作内涵是将成熟的技术和管理规范变为现实的生产和服务。

（二）现代职业教育目的的结构体系

我国现行的职业教育目的是培养一大批有一定科学文化基础和较强综合职业能力的，德、智、体、美等全面发展，在生产、技术、服务、管理等一线工作的各级、各类专门人才。

（1）教育目的——国家对所有受教育者提出的培养人才的总要求，具有高度的概括性。不同类型教育的教育目的，是在总教育目的规范下，各有侧重地为社会培养所需要的人才。

（2）培养目标——各级各类院校对培养人才的要求，是教育目的的具体体现。针对特定的对象提出的，根据院校性质、对培养人才提出的特定要求。

（3）教学目标——教育者在教育教学过程中完成某一阶段工作时，希望受教育者达到的要求或产生的变化结果。它分为课程教学目标及教学过程中的教学目标，是指导、实施、评价教学的基本依据，很具体、易操作，能评估和改进。

（4）课程目标——指导整个课程编制过程的最为关键的准则。确定课程目标，首先，要明确课程与教育目的、培养目标的衔接关系，以便确保这些要求在课程中得到体现；其次，要对学生的特点、社会的需求和学科发展等各方面进行研究，才能确定课程目标，教学目标是课程目标的进一步具体化。

职业教育目的在层次结构内部、上下之间是抽象与具体的关系，上层教育目的必须落实到一系列下层目标的行动上，而每一项教育行动又构成指向上层教育目的必不可少的一部分。教育、教学目标循序渐进地积累，不断向培养目标和教育目的靠拢，最后达到教育目的的要求。需要指出的是，目标与目的有习惯上的区别，相对而言，目标比目的更精确、更具体，教育目的对教育实践具有方向性的引导作用，适用于较长的时期。而教育、教学目标则为师生实现教育目的提供工具、启示方法和指导步骤，它往往是为一定的学校、专业、课程和个人设定的，在短期内容易实现。

四、现代职业教育的任务

习近平总书记对职业教育工作作出重要指示强调，在全面建设社会主义现代化国家新征程中，职业教育前途广阔、大有可为。要坚持党的领导，坚持正确办学方向，坚持立德树人，优化职业教育类型定位，深化产教融合、校企合作，深入推进育人方式、办学模式、管理体制、保障机制改革，稳步发展职业本科教育，建设一批高水平职业院校和专业，推动职普融通，增强职业教育适应性，加快构建现代职业教育体系，培养更多高素质技术技能人才、能工巧匠、大国工匠。各级党委和政府要加大制度创新、政策供给、投入力度，弘扬工匠精神，提高技术技能人才的社会地位，为全面建设社会主义现代化国家、实现中华民族伟大复兴的中国梦提供有力人才和技能支撑。

基于上述内容，当前我国职业教育的任务是职业院校为达到教育目的和学习培养目标而设计的教育、教学活动，是教育目的的具体化，上承教育目的、下启教学内容，并对教育教学方法、组织管理都有直接的影响。

（一）坚持育人为本，德育为先，把立德树人作为根本任务

职业教育坚持立德树人，就是要全面贯彻党的教育方针，遵循职业教育规律和技术技能型人才成长规律，培养德、智、体、美全面发展的社会主义建设者和接班人。立德树人，重在"全面发展"，使技术技能人才重点具备三个方面的素质：一是体现社会主义核心价值观要求的思想道德；二是以支撑职业生涯发展为重点的知识技能；三是以提升生活品质和审美情趣为重点的人文素养。重在"人人成才"，把每个受教育者培育成有用之才。重在"尽展其才"，以岗位职责要求为基础，以品德、能力和业绩为导向，以注重实践和贡献为评价机制，提升技术技能劳动的职业尊严，提供"人人尽展其才"的广阔舞台。

（二）扎实学生的专业知识和技能，为后继发展奠定基础

首先，是在某一职业领域具有相对稳定和广泛适应的职业基础知识的教育。如有关某职业领域的基本事实、基本概念、基本原理、一般规律、劳动常识、科学的工作方法等，这是职业教育中教学的基本任务。其次，是职业能力教育。包括技能和技巧两个方面。技能是指与学习相关的基础知识所必需的按一定规则与程序完成操作的能力。技巧则是熟练化、自动化的技能。知识是内在的静态化的东西，而技能、技巧是运用知识完成一定任务的能力。技能、技巧不仅表现在动作方面，而且表现在心智方面，如：智慧（读、写、算等）技能、感觉（听觉、触觉、嗅觉、视觉等）技能。

（三）提高学生的职业能力，发展其智力、体力

提高学生的职业能力是职业教育中教学的主要任务，职业能力是一种综合实践能力，是职业活动的核心。这是由教育培养目标和教学目的决定的。作为一

个受过职业教育和培训的人，应该具备适应岗位工作的能力，能够独立工作并具有进一步提高的能力。同时，要具备与职业相关的知识和态度、实践经验、动手能力，以及自学、自我评价能力。

职业教育中的教学，一方面追求职业适应能力这一基本目标，另一方面也开发学生潜在职业能力和一般能力，其中智力和体力是发展职业能力的两大支柱。发展学生的智力必须对前人的知识、经验进行合理地吸收、消化、提炼，同时，要点燃学生创造的激情，培养良好的思想和心理品质。身体健康是人一切发展的基础，没有健康有力的体能难以胜任职业岗位的需要。全面发展学生的身体素质和运动能力，提高身体适应外界变化和抵御疾病的能力，提高学生自我保健的意识与能力，养成良好的卫生和锻炼身体的习惯，是职业教育教学中不可等闲视之的重要任务。

（四）加强职业道德和劳动审美教育，促进学生全面和谐发展

1．工匠精神与职业教育

工匠精神是职业教育的灵魂，是学生应该树立的理想，却也是学校职业教育容易忽视的盲区。究其原因，关键是对工匠精神的理解缺乏理论上的拓展和理性的提升。

（1）工匠精神的概念

实际上，应该从三个层次理解和把握工匠精神。

第一个层次，了解什么是工匠。工匠，是长期受到工业文明熏陶、训练、培育出来的一种专门人才。这种专门人才，是在整个专门、专业活动中掌握技能、技艺和技术的人才，要达到一定高度才能称之为工匠。一般的简单熟练工，不能称之为工匠。也正因为这样，工匠一定是与工业文明的发展、熏陶和浸润联系在一起的。

第二个层次，了解工匠的精神境界。工匠的精神境界有着独特的界定。一般来说，首先，应该具备极强的专业性，在专业上专心致志、精益求精；其次，应该具备强烈的专业追求，把这种不懈的追求贯穿于自己的职业生涯，当作人生的一个目标；最后，应该具备坚定的专业操守，为了自己的专业坚持，舍得放弃诱惑，坚持企业忠诚，把自己的精神生活寄托在对专业的奉献上，这才是工匠应具有的一种精神。

第三个层次，在技术理性和价值理性相统一的基础上，去看待工匠精神这一整体的概念和确切的内涵。真正的工匠精神应该是专业精神、职业态度、人文素养三者的统一。只有从专业性、职业性和人文性这三个特征来把握工匠精神，才能够对工匠精神有一种源于职业教育又高于职业教育，源于工业文明

又进入后工业文明,源于教育又跳出教育去看待的一种教育的理想境界和精神追求。

工匠精神应该成为学校职业教育的灵魂,成为每一个接受职业教育的学生努力向往的一种境界。对工匠精神要有一个系统的把握和理解,片面的、庸俗化的、表浅化的理解,会对职业教育产生极大的误导。首先,工匠自身的技能、技艺和技术是他们的物质载体和最根本的对职业生涯的追求;其次,与之相称的独特精神表现为他们对自己专业独特的职业态度,没有这种职业态度,就不能将自己的专业变成自己生命存在的方式;最后,也是更重要的,工匠要有可持续发展能力,要有创新能力,更要有人文关怀。这是对工匠更高的要求,就是人文素养的培育,如果没有人文素养,就不可能有职业态度的端正和专业技能的提升,就不可能有可持续的发展能力和专业上不懈的创新动力。

(2) 工匠精神的价值

工匠精神的社会价值和教育意义,以下几点显而易见:

第一,它是工业文明高度发展的精神成果。这是对该成果的一种技术理性和价值理性相统一的具体化理解。只有从这个角度去把握,我们对工业文明的精神成果才能够有正确的认识,而我们对职业教育的认识,也就有了一个与世界文明接轨的桥梁和纽带。职业教育是以服务为根本、以就业为导向的教育,所以,职业教育在本质上,就应该以这种精神成果作为自己的价值根本和导向。

第二,它是现代职业教育的精神标杆。只有这样理解工匠精神,才能够为职业教育树立一个志存高远的工作标杆,避免职业教育陷入培育、生产"机器人"的尴尬局面,才能走出终极教育、次等教育的认识误区。而且,确立这样的标杆,也会给职业教育带来全新的、本质性的改造,即让它不仅见技术、见技能,也能见人的素质素养、见人的全面持续发展。

第三,它是职业教育立德树人的特征和灵魂。只有这样理解工匠精神,才能既将教育的根本任务落到实处,又使职业教育有自己独特的判断和选择。教育的根本任务是立德树人。具体到职业教育,要有自己的规律和特点,有自己独特的表现形式,有独特的精神内涵,有独特的灵魂。职业教育坚持以立德树人为根本任务,就必须高度重视对工匠精神的培育,并落到实处。只有这样,才能给职业教育灌注丰富的思想内容,才能提升职业教育真正的人文价值,也只有这样,才能给职业教育带来思想政治教育的特质和亮点。所谓职业教育要培养德艺双馨的人才,它的"德",就应该包含工匠精神。

第四,它是职业教育内涵发展的指导思想。坚持这样理解工匠精神,并作为职业教育的重要内容和学校教育的指导思想之一,必然会给职业教育带来革命性的变革。因为,只见物而不见人,只见技能、技艺和技术,而不见精神,这条路是走不下去的。因此，必须要在人才培养模式上，在专业课程教材的建设上，在教育方法的创新上有一系列的变革，从而使教育教学的全过程具有极强的人文性、价值性和思想性。企业在录用职业院校毕业生时，会更重视"德"，这实际上表明了人才的生命力之所在。所以，对工匠精神的正确理解以及对它的适应与培育，成为学校教育教学改革的一个重要方向和指导思想。

第五，它是职业教育文化软实力的象征。将对工匠精神的正确理解引入职业教育，并向社会广泛宣传，对于改变职业教育的形象、调整职业教育的社会评价，具有十分重要的意义。只有这样，才能够让社会真正认识到劳动光荣、技能宝贵、创造伟大。因此，我们不能轻视对工匠精神的培育以及向社会宣传的意义和价值。

从这五个方面来说，必须要正确认识工匠精神，在职业教育领域把它作为全新的工作指导思想。

（3）工匠精神的培育

第一，职业院校在工作的指导思想上，要从职业教育的内在规律要求出发，摒弃普通教育目标的制约，正确认识工匠精神对于职业教育的价值，从而为深化职业教育教学改革提供思想武器，奠定现实基础。

第二，职业院校要将工匠精神的培育贯穿教育教学改革的全过程，那就必须在课程设置、实践教育、思想政治教育和顶岗实习等教学环节中加强理性教育的内容。必要的人文课程学习、职业生涯教育、技术理性培育和引导，使得职业院校整个教学过程包含良好的综合素质教育和学生能力持续发展教育的内容。

第三，职业院校在产教融合的落实上，必须利用校企合作的人才培养模式，加强工匠精神的养成教育、体验教育和实践教育，从而使工匠精神与技术活动、技能培育有机结合，并内化于学生的精神之中。

第四，职业院校在师生共同成长的实践中，要以培育工匠精神为抓手和载体，给学生、教师提供一个密切互动、共同成长的机制，只有这样，精神培养才可能成为一个有机而又有效的、教与学统一的过程。我们经常以为技能的培育是学生的事，精神的培育也是学生的事，殊不知，精神的培育离开了师生的共同成长，是不可能真正实现的。所以，对工匠精神的培育，对于职业院校的所有教师，都是一次全新的教育改革、教育理念创新的挑战。

第五，职业院校在自身文化软实力构建过程中，要以对工匠精神的培育作为切入点和制高点。一方面在院校构建富有工匠精神的校园文化，另一方面以这种文化软实力向全社会推送工匠精神的价值和意义。显然，只有弘扬工匠精神，才能真正营造劳动光荣、技能宝贵、创造伟大的社会氛围，才能有职业教育文化软实力生存的社会基础。因此，所有职业院校必须提高社会责任感，在自身文化软实力建设中，以培育工匠精神为重点，将劳动、技能和创造的价值和意义面向整个社会进行宣传。

2．职业道德与职业教育

以职业道德为基础，学会立业。以德为本是中华民族的传统美德，也是世界各民族和平共处、共同发展的必然要求。社会公德、家庭美德、职业道德和个人良好的修养构成了道德教育的基本要素。在职业教育中，应突出和加强对职业道德的教育，对学生进行系统的职业道德教育，树立行业平等意识和通过从事一定职业为社会服务的职业观念。良好的职业素质是在长期的培养和实践中形成的。要培养学生敬业乐业的精神，讲究效率、效益和精益求精的精神，团结协作的精神，使他们具有丰富的美感、乐观的态度、顽强的意志、坚韧的性格，养成惜时、守时、诚实、自尊、自爱、自强、自信、平等待人等优良品质和认真、严谨、踏实、谦虚、进取的好作风，具有正确的职业态度、顽强的职业意志、积极的职业情感、高尚的职业志趣和强烈的职业责任感，养成质量至上、遵纪守法、爱护环境、科学管理、优化服务等自觉意识和行为习惯，视职业为事业的职业道德理想和信念。

培养学生正确的职业审美观是职业教育的一项不可或缺的任务。要从技艺美、产品美、服务美体验到心灵美、精神美，让学生获得健康丰富的职业美感。总之，要通过直接教学和渗透性教学等方式，提高学生的职业思想修养、科学素质修养和职业艺术修养，为形成正确的职业观打下牢固的基础。要实现德、智、体、美、劳、心（理）各方面的和谐发展，达到"在做事中学做人，在做人中求发展"的良性教育状态。为此，在教学中要对学生进行系统的爱祖国、爱党、爱社会主义教育；全心全意为人民服务教育；主人翁意识教育；爱集体、爱他人教育；爱科学、爱学习、爱劳动教育；健康、审美教育；自我管理、自我服务教育；全面发展教育；理想、信念教育；职业生活教育，保证学生成为合格的社会主义事业的建设者和接班人。

五、现代职业教育的地位

职业教育是国民教育体系和人力资源开发的重要组成部分，是广大青年打开通往成功成才大门的重要途径，肩负着培养多样化人才、传承技术技能、促进就业创业的重要职责。《国家中长期教育改革和发展规划纲要（2010—2020年）》把加快发展现代职业教育摆在更加突出的战略地位，要求切实把握发展机遇，着力解决突出问题，努力实现更大规模、更好质量、更高水平的发展，为实现中华民族伟大的复兴中国梦提供强有力的技术技能人才支撑，推进职业教育科学发展。

1. 职业教育是衔接经济、社会和个人的主要中介

职业教育的中介地位，是指职业教育在人的发展中的特殊位置。职业教育促进人的个性发展，不是"普遍性的"或者是"特殊对象性的"，而是直接对应于社会需要和个人生存需要的，是促进社会发展需要的个性素质，是使人的个性更适应于社会直接需要的最主要的、最基本的桥梁，其特点是适应需要的"直接性"的中介。

2. 职业教育是继续教育和终身教育的主要内容

职业教育的类别地位，是指职业教育在整个教育体系中所处的位置，实际是国家教育事业和现代教育的重要组成部分的内涵。《宪法》规定："国家举办各种学校，普及初等义务教育，发展中等教育、职业教育和高等教育，并且发展学前教育。"可见，高等教育、中等教育和职业教育并列，这种列举是为了表述上的方便，而不是各种教育之间相互独立。《职业教育法》规定："职业学校教育分为初等、中等、高等职业学校教育。"1994年7月，国务院颁布关于《中国教育改革和发展纲要》的实施意见指出："有计划地实行小学后、初中后、高中后三级分流，大力发展职业教育，逐步形成初等、中等、高等职业教育和普通教育共同发展、相互衔接、比例合理的教育系列。"这一规定明确地将职业教育与普通教育作为不同的教育体系。第一，职业教育是在基础教育的基础上的教育，基础教育的水平和年限，随着经济、社会的发展和教育水平的提高而高移；第二，职业教育是相对于普通教育的分类，是按社会职业、经济社会发展的岗位分类培养的；第三，在社会需求和人的发展总体中，职业教育更具有终身性和广泛性。因此，职业教育在整体教育中具有十分重要的地位。

3. 职业教育在经济社会发展中具有优先地位

相比较普通教育，职业教育与经济社会联系得更为紧密。因为：（1）职业教育直接为经济社会培养生产、服务、技术和管理第一线的应用型人才。在澳大利亚，职业教育和培训完成学业的标志是获得职业资格证书。国家教委印发的《面向二十一世纪深化职业教育教学改革的原则意见》明确规定："职业教育要培养同二十一世纪我国社会主义现代化建设要求相适应的，具备综合职业能力和全面素质的，直接在生产、服务、技术和管理第一线工作的应用型人才。"（2）经济社会对职业教育的大量需求。《中共中央关于教育体制改革的决定》指出，"社会主义现代化建设不但需要高级科学技术专家，而且迫切需要千百万受过良好职业教育的中、初级技术人员、管理人员、技工和其他受过良好职业培训的城乡劳动者"。（3）职业教育具有转化现实生产力的功能，是先进的科技、设备和人力资源转化为现实生产力的直接桥梁。职业教育是工业化和生产社

会化、现代化的重要支柱。所以，职业教育在经济社会发展中应该优先发展，适度超前。

职业教育的优先地位，是指职业教育在经济、社会发展中的位置。职业教育的地位，教育的基础性、导向性、重要性及效益的滞后性决定教育事业应该优先发展，适度地超前。超前的幅度，根据不同类型的教育而异。政府统筹规划经济建设和社会发展时，把职业教育摆到比较重要的位置上，既要从经费、人力、物力上落实，也要从政策上落实，做到"先培训，后就业""先培训，后上岗"，发展新行业、建设新产业时，职业教育先行。

4. 职业教育在个人的发展中处于重要地位

马克思指出，大工业的本身决定了劳动力的变换、职能的变动和工人的全面流动。随着生产力的发展和社会的进步，人的职业、岗位、职业能力会经常变动、更新，这既是客观环境变化的必然，也是人的个性发展的需要。这就需要经常不断地从事这样或那样的职业，并接受职业、技术教育或培训。1999年，联合国教科文组织召开的第二届国际技术与职业教育大会上，教科文组织副总干事科林·鲍尔发言指出："技术和职业教育与培训，是人的整体教育的一个组成部分。技术和职业教育应能使社会所有群体的人都能入学，所有年龄的人都能入学，应该为全民提供终身学习的机会。"它是一种终身性的教育。因此，职业教育在个人的发展中处于重要地位。

六、现代职业教育的教学特征

（一）职业性

职业性是指职业教育培养生产、服务、技术和管理所需要的高素质劳动者和技术、技能性人才，具有以职业为导向、为就业服务的特点。

职业是职业教育的基础，是规范职业教育的专业、课程和评价的标准。如杜威所讲：一种职业也必须是信息和观念的组织原则，是知识和智力发展的组织原则，职业给我们一个轴心，它把大量变化多样的细节贯穿起来，它使种种经验、事实和信息的细目彼此井井有条。

职业教育培养是现代职业培养生产、管理、服务所需的具有综合职业能力的应用型人才的实践活动。职业教育以学生能够就业，并能使学生在未来的职业实践中得到发展为主要目标，教学内容以学生就业岗位需要为导向，教学环境强调与真实的工作环境相同或相似。

职业性并不排斥文化修养、人文道德，而是融人力、知识、技术、技艺、工作的任务与过程及行动、道德、价值、精神等于一体。同时，职业教育重视培养学生良好的职业道德、职业意识、职业纪律、职业习惯以及忠于职守的敬业精神，其教学计划、教学过程、教学方法、教学组织、生产实习和教学实习等，都与社会职业需要、学生的职业活动、文化修养紧密联系。

（二）技术性

技术通过职业教育，内化到劳动者身上，才能转化为现实生产力，发挥出它的功能。技术的演变会影响职业教育发展的结构、层次、规模、课程和方法等。技术结构及产业结构的变革推动职业教育结构的演变，技术革命及其引发的社会生产方式的变革决定职业教育思想的发生和发展，技术革命导致职业教育技术制度的变革。

技术可分为经验型技术、实体型技术和知识型技术，它们都是职业教育课程的主要内容。职业教育的教学过程也充分体现技术的属性、技术传授的规律和要求。技术的学习需要重复，重复并不是排斥创新，同样具有价值。

技术的进步推动职业教育办学模式和人才培养模式的改革。职业院校应该紧跟技术的不断进步，通过产教结合、工学结合的基本途径，教育与训练并重，灵活应对，促进学习者对新技术和新工艺的掌握，提高就业能力。

（三）社会性

世界各国的职业教育各具特色，但凡成功的模式，都与本国社会实际紧密结合。社会环境适宜职业教育的发展，职业教育就能有效促进经济社会发展。服务社会是职业教育的宗旨。职业学校"从其本质说来，就是社会性；从其作用说来，就是社会化"。职业学校的基础，是完全筑于社会的需要上。职业教育不可能脱离社会环境，因为它与社会劳动就业直接联系，而劳动就业又是高度综合性的社会工程，涉及国家和地域的资源、人口、经济、政治、科学、文化、社会习俗观念、有关制度措施等各方面，所以，这些都牵动着职业教育的办学。另外，职业教育诸如联合办学、定向、委托培养等办学途径，也使职业院校必然受社会多方制约。

职业教育又是一种社会需求制约型的教育。其培养目标、发展规模、结构和速度，既受社会需求的推动，又受社会需求的约束；在不同的历史时期，随着社会需求的变化，必然会引发职业教育的发展与变革。

职业教育对社会环境的高度依存性，要求其办学必须是开放的、灵活的，职业教育只有吸纳全社会的力量才能越办越好。除了在培养目标的确定、专业的设置、教学内容和教学方式的选择等方面要紧贴社会实际需要之外，在教学、课程、评价和管理等实施过程中，也需要行业、企业的参与和支持，必须广泛吸纳社会力量，与生产劳动和社会实践紧密结合，走工学结合之路，实行灵活多样的人才培养模式，职业教育的培养目标才能实现。

（四）实践性

教育部《关于深化职业教育教学改革全面提高人才培养质量的若干意见》要求：要加强实践性教学，实践性教学课时原则上要占总课时数一半以上。因此，职业教育过程就是实践的过程，实践贯穿于职业教育的始终。具体表现在：

第一，教学内容上突出实践性。职业教育在教学内容的选择上不过分强调专业的学术性、系统性、完整性和理论性。基础理论课的内容以"必需"和"够用"为原则，重理论知识中相关结论的使用而轻其推导过程。教学内容的着重点在实践操作和专业技能的培养上，摒弃了学生听得多、看得多、重理论、动手少的教学方法，而采用实践为重、为先的方法，先做后学、先学后教、以需定教。

第二，教学方法上突出实践性。在课程安排上先建立实践教学体系，后建立理论教学体系；先专业课教学，后基础课教学。在具体教学中，尝试先让学生动手做一做，然后归纳总结，再有针对性地开展理论学习。

第三，教学过程上突出实践性。国内职业教育的教学过程，无一例外地选择了突出实践性的工学结合、产教结合教学模式。在整个教学过程中，院校的教学实训与在企业实习交叉进行，从而使教学更具实践性、应用性，也更贴近企业对学生技能的要求。

（五）大众性

职业教育是面向人的教育。因此，职业教育必须"有教无类"，代表人民群众的教育利益，最大限度地满足广大民众的需要，以服务民众为宗旨，保证人人享有平等接受职业教育与培训的机会，使职业指导和职业咨询面向社会所有成员；在当今社会，绝大多数的社会职业都需要经过一定的职业训练并获得职业资格的人来从事，这就决定了每个公民都必须接受一定的职业教育。

（六）终身性

职业教育贯穿于人的一生，是实现终身教育的一种形式。一个人在一生中只有接受多次职业教育，才能不断地具有胜任各项工作的能力。在基础教育阶段，对儿童进行包括职业意识、劳动光荣等最基本的职业素质教育；进入初中阶段后，接受职业教育的机会越来越多，既可以通过普通教育教学内容的渗透，接受初级职业教育和培训，也可以通过分流，接受以就业为导向的职业教育；进入职业社会以后，人们也必须根据生产科技发展的需要，接受各种职业培训，以完善自己；当人们到达一定年龄，离开职业岗位，仍然可以根据自己的特点和需求，选择职业教育的内容和类型，以充实、完善自己，满足自己对享受教育的需要。职业教育应以更加开放和宽阔的胸怀，更加灵活多样的课程和教学模式，提供终身学习的机会和途径。

（七）市场性

职业教育要满足市场对人才的需求。如果只是按教育规律办学而不考虑人才市场的需求，那么培养出来的学生，无论质量有多高，都无法实现就业；而如果只是按人才市场需求办学，在教育过程中不尊重教育规律，那就培养不出高素质的人才。由此，职业教育既要按教育规律办学，又必须按市场规律运作，这就是说，职业教育具有市场性。

（1）职业教育在办学指导思想上确立以"人才市场需求"为导向的运作模式，市场的需求就是设置专业的依据，企业对岗位或岗位群的具体要求就是职业教育课程和教学内容的教学要求，具体目标是教学要求与职业岗位要求零距离。因此，职业教育要注重相关专业领域的最新技术发展，并根据发展实际情况调整课程结构和教学内容，做到教学内容及时反映本专业领域的新知识、新技术、新工艺、新方法，使教学内容与经济发展相适应，与技术改革相同步。

（2）职业教育就是就业教育。职业教育的培养目标、办学定位、课程设计、专业设置以及教学过程，其目的和宗旨都是为就业服务，职业教育的就业目的性更明确、更具体。

（八）多样性

突出职业教育的特点，达到教学目的，关键在于教学方法。职业教育对象的多样性和教学内容的技术性、实践性，决定其教学方法应该是灵活的、多种多样的。在具体的教学过程中，应该打破传统的教室与讲台的"课堂"，根据不同的教育对象和教学内容，采取具有实效性的教学方式，多角度、多方位地拓宽"课堂"、搞活"课堂"。除了讲授、讨论、问答等方式外，更多地则应采用观摩的方式、动手的方式、模拟操作的方式、双师型教师指导方式、技师带徒弟方式、实际工作岗位锻炼方式、心理考验和心理锻炼方式等。职业教育教与学的场所，可以不受校园圈子的限制，可以在工厂车间，在田间地头；也可以不受普通学历教育传统上所要求的学制年限的制约，可以根据教育对象所学内容的不同而有较大的弹性，可以是几年，也可以是几个月，可以是全日制，也可以利用业余时间进行。

(九) 直接性

职业教育是一种产业,是产业就要讲求效益,就要讲投入与产出,职业教育的投入与产出的循环周期较短。也就是说,职业教育的效益体现得比较直接。职业教育的教学内容直观而实际,具有较强的针对性和实际操作性;不论是高层次的职业教育,还是针对性较强的职业培训,接受教育和培训的个人都能很快地把自己学到的技术和技能运用到生产实际或经济建设的实际中,发挥所学知识与技能的作用,提高劳动生产率,在短时间内创造出物质财富和增加经济收入,投入者都能很快从中受益。因此,不论是提高在岗人员的知识和技术水平,还是为下岗人员创造再就业的条件,或是为广大的农业劳动者传授农业科学知识,都能够直接地从职业教育中获得收益。

(十) 适应性

职业教育的适应性就是随社会经济的变化,特别是生产技术水平的提高,而变化自身特性或发展方式的能力。职业教育的适应性区别于普通教育的规定性,主要表现在:一是职业教育制度的适应。国家发展职业教育,建立健全适应社会主义市场经济和社会进步需要的职业教育制度,它包括办学方向、办学层次、教学内容、职业培训机构及对职业教育管理等,都要始终处于"主动适应的位置",适应社会经济发展需要。二是职业教育对象的适应。受教育者不应只是具有过于狭隘的职业性质或局限于一种技能的掌握,因为时代是不断变化的。所以,未来职业教育的主要目的是必须使青年有很强的适应性。

(十一) 中介性

职业教育是把人力优势转化为智力优势,把智力优势转化为生产力的重要桥梁,也是教育与职业之间"沟通"的渠道。"教育不与职业沟通,何怪百业之不进步""要发展社会,革新教育,舍沟通教育与职业无所为计"。由此表明,职业教育的中介性就是指,职业教育在人的发展和社会发展之间、教育和职业之间的特殊位置。就是说,职业教育促进人的个性发展和社会进步,不是"普遍性"或者是"特殊对象性"的,而是直接对应于社会需要和个人生存的,是促进科学精神与人文精神的结合,促进社会发展需要的个性素质,是使人的个性更适应社会直接需要的发展、提高、更新的中介加工。

(十二) 产业性

职业教育兼具教育性、产业性的双重特性,其与市场经济的有机融合,主要是通过人才供需关系的平衡协调来实现的。职业教育的产业化运作,是指职业教育的运行机制和管理模式要面向市场,进行投入与产出分析,并对其成本进行严格核算。职业院校在国家宏观调控下,按教育规律和市场规律办事,成为自主管理、自主办学的法人实体,逐步形成原料采集(招生引资)—生产(教育教学)—销售及售后服务(推荐就业及业后培训)"一条龙"自主运行机制。

第二节 职业教育教学理论流派

一、行为主义与职业教育教学理论

(一)行为主义理论概述

行为主义是20世纪初崛起于美国的一个心理学流派。在行为主义之前,西方心理学流派均以"意识"为主要研究对象。随着自然科学的飞速发展,一些年轻的心理学家认为,心理学应该像其他自然科学一样研究看得见、摸得着的客观事物,即行为。1913年,美国心理学家华生发表了《从一个行为主义者眼光中所看到的心理学》一文,宣告了行为主义学派的诞生。行为主义分为古典行为主义和新行为主义,前者的代表人物为华生,后者的主要代表人物为斯金纳等。

古典行为主义是创立在巴甫洛夫经典条件反射学说基础上的。华生认为,行为就是有机体用以适应环境刺激的各种躯体反应的组合,在行为的基本成分上,人类与动物没有区别;人类的行为都是后天习得的,环境决定了一个人的行为模式,无论是正常的行为还是病态的行为都是经过学习而获得的,也可以通过学习而更改、增加或消除;学习是经过强化而建立的刺激与反应之间的直接联结,其公式为S→R(刺激→反应),心理学研究行为的任务就在于查明刺激与反应之间的规律性关系,这样就能根据刺激推知反应,或根据反应推知刺激,达到预测和控制动物和人的行为的目的。新行为主义发展了华生的学说,斯金纳提出了操作性条件反射。他把动物和人的行为分为应答性行为和自发性行为,前者是对特定刺激的应答,巴甫洛夫经典条件反射主要是研究这类行为;自发性行为则不是对特定刺激的反应,而是机体自发产生的,可以对环境施加影响并受意识的控制,是操作行为,这类反应称为操作性条件反射。斯金纳认为,人的行为大部分是操作性的,任何习得行为,都与及时强化有关;学习是由刺激引起的反应概率(准确—牢固—速度)上的一种变化,强化是增强反应概率的唯一手段,是塑造行为和保持行为强度所不可缺少的关键,也是用来控制学习的根本手段。行为主义的学习理论认为,教师是教学过程的设计者、组织者和训练者,而学习者在教师创设的环境中被动地接受知识,是接受者、被领导者;教学就是安排可能发生强化的事件以促进学习，教学目标就是提供特定的刺激，以便引起学生特定的反应，教学目标越具体、越精确越好；要以一种可以观察到的、测量的形式来具体说明课程内容和教学过程；在教学方法上，行为主义认为学习过程的有效进行有三个条件：①小步骤呈现学习材料；②对学习者任何反应立即予以反馈；③学习者自定步调学习。而传统的讲授法违背上述三个条件，应采用斯金纳提出的程序教学法，由浅入深、由简到繁地安排教学。

20世纪前半叶，行为主义在美国心理学界一直占据统治地位，直到20世纪50年代末，认知主义开始兴起，行为主义有所衰落，但它对美国乃至整个西方的心理学发展产生了深远的影响。

（二）基于行为主义心理学的"能力本位"教育实践

行为主义心理学产生之后，对于人类的教育理论与实践产生了深远影响。其对职业教育最大的贡献便是催生了"能力本位"职业教育教学理论。

1. 两次世界大战催生的技术人员培训模式

两次世界大战对技术工人的大量且迫切的需求使美国在对技术人员的培训方面做了很多探索，形成了战时培训模式。战后，人们将其有益的经验移植到国民教育中，成为职业教育与培训中"能力本位"实践模式的基础。

第一次世界大战是人类首次机械化的战争，美国参战使军队对技术人员的需求量急剧增加，而仅靠征兵是无法满足这一巨大需求的，军队必须对士兵进行培训，使他们尽快掌握一门技术。此外，还要保持军队和战争工业对技术人员需求的平衡。这些需求促使人们对如何将工作分析与教育联系起来，从而提高教育与培训的效率进行了深入研究。

第二次世界大战对技术人员的需求量远远超过了"一战"时期。为此，美国展开了历史上最大规模的教育和培训活动，涉及的职业领域很多，并且多数都是高度专业化的。具体的培训模式与"一战"相似。两次世界大战期间形成的战时培训模式具有如下特点：

（1）从工作分析出发。工作分析的结果是一份描述性的资料，内容主要是某一工作的职责和操作规范，将这一资料分发给培训机构。

（2）根据工作分析的结果确定教学目标、组织教学内容、进行课程设置。主要是划分"学习模块"，每个模块的内容是特定的技能，按照难度顺序由易到难地安排学习进程。

（3）学习过程灵活、个性化。学生可以根据自己的能力水平安排学习进程，不受时间限制，教师予以个别指导。

（4）采用"现场操作测验"或"职业能力测验"进行评估。要求学生在真实的工作环境中完成既定工作任务，以其熟练程度决定能否进入下一学习模块。

这种模式的培训计划取得了令人震惊的成功，极大程度地满足了战争对技术人员的质量和数量需求。"二战"结束后，为了避免战时培训的有益经验流失，美国教育委员会（组织研究小组）进行了一项关于军队培训经验对国民教育意义的研究，形成了题为"战时培训的教育经验"的研究报告。报告中指出，战时培训"已经体现了一些能够取代当前国民教育观念的新理念，即教学目标的重要性；根据社会发展和科技进步情况来进行课程改革，使课程个性化，在实践中学习而不只是听讲或阅读；编排适宜的学习资料以及教师引导的重要性；合理的开发、设置课程目标以及激发学习者的学习动力"等。研究小组还认为，军队培训对国民教育最重要的指导意义在于要为课程和教学活动设置明确的目标。目标是培训课程开发和评价学生进步状况的基础，并建议采用"现场操作测验"作为主要评估形式，辅以笔试。

2. 美国20世纪60—70年代的师资培训模式催生"能力本位"概念

"能力本位"职业教育中的"能力（competency）"一词最早作为专用词出现，是在20世纪60年代的一篇有关师资培训的报告中。因此，很多人认为，能力本位的职业教育始于20世纪60年代中期至70年代末美国第二次师范教育改革。这次改革中形成的"操作本位教师教育"（performance-based teacher education，简称为PBTE；又称为CBTE，即competency-based teacher education）师资培训模式确实促进了能力本位职业教育的形成与发展。

20世纪60年代中期之后的美国，一方面各种社会问题日益增多，对在校青少年进行教育的任务日趋繁重；另一方面新教师在教育和教学实际能力方面准备不足，引起了社会舆论的强烈不满。人们开始希望通过教育来改造社会，并希望加强师资培训的针对性，使教师既有完善的学科知识结构，又能够妥善处理教育教学活动中的各种实际问题。由此，一场以教育科研成果为指南，以现代教育技术为工具，以培养教师的能力为中心的师范教育改革在全美蓬勃展开。

在联邦政府与私人基金的资助下，很多组织开始探索师资培训的有效模式。最终形成了"操作本位教师教育"模式。这种模式的重要特征如下：

（1）以培养能解决实际问题的教师为目标。

（2）将教师必须掌握的技能和教学行为标准加以分析、归类。

（3）在培训过程中注重理论与实际相结合，加强实际操作环节的训练。

（4）在培训过程中应用现代化教育技术，如"微格教学"，及时强化正确行为，纠正错误。

（5）根据既定的教学行为标准、掌握教学能力的情况对学生进行考核和认证。

（6）训练过程突出个性化，以"个体训练"代替"集体授课"。

"操作本位教师教育"与传统师资培训方式的根本区别在于：传统的培训试图通过课程、讲座、阅读书目和示范来培训教师，无意中把教学活动分解成了较小的单元；而"操作本位教师教育"则把师范生从抽象、理论的教学引向直接地处理教学，使其置身于真实的或模拟的课堂情景之中，通过对教学行为的不断纵向分析，使其在整体上掌握进行实际教育教学的能力。"操作本位教师教育"一定程度上解决了当时师资培训的问题。

这次师资培训改革促进了"能力本位教育"的发展，可以说"能力本位教育"由此兴起，全美成立了9个"能力本位教育中心"，在联邦政府资助下从事师资培训项目的开发工作，随后又成立了一个全国性的合作团体开展协调工作，形成并公布了一套描述和评估能力本位教育方案的准则，并将这套准则广泛应用于其他职业教育和培训活动。这些机构的最终工作成果是产生了100个操作本位的师范教育模块，起初是用于培训职业教育师资，后来被改造应用于进行教学管理、开展成人教育、对企业内培训人员进行培训等多重目的。

当然，如许多学者指出的那样，能力本位职业教育理论的出现有其多元化的理论与实践基础，但是，如果深入分析能力本位的职业教育教学论，我们完全可以发现，其最初的心理学基础就是基于行为主义，也可以说，能力本位职业教育教学论是在行为主义的能力观基础上得以构建。但是一经形成，追求"能力本位"，并且将其作为职业教育教学理论的一贯的核心诉求也便被广泛地认可。

3. 行为主义能力观基础上的职业教育教学论

如前所述，早期的"能力本位"的职业教育采用的是行为主义的能力观，在能力本位运动最初产生的北美地区影响深远，代表模式是加拿大的CBE/DACUM模式。这种能力观认为，能力即操作技能，是可观察、可分解、可测量的，以一系列具体、孤立的行为来界定能力，而这些行为是与完成一项项被细致地分解了的工作任务相联系，于是能力也就是任务。行为主义能力观基础上的职业教育教学论的基本内容可以概括为如下几个方面：

（1）教学目标

教学目标即是达到预定的能力标准。行为主义主张教学目标的具体化、精确化，并且以可观察到、可测量的形式来说明，早期的一本关于能力本位教育的著作中有这样的定义："能力本位教育是建立在对某一职业岗位所需能力的鉴别和陈述的基础上，一般是以特定的行为化目标来陈述所鉴别出来的操作技能。

随后，按照从简单到复杂的顺序来排列这些目标，以此作为教学顺序，以帮助学生掌握这些行为目标。"因而，行为主义能力观指导下的能力标准体现为用DACUM模式分析确定的一份罗列得十分详细的任务（行为）明细表。

（2）教学过程

行为主义基础上的职业教育教学过程在很多方面与程序教学法相吻合。在课程方面，对应能力标准中的每项专项能力开发学习模块，按照由浅入深，由简到繁，由知识到技能的顺序编排，学生按顺序完成每一个模块，最后达到能力标准。

行为主义基础上的职业教育教学过程对学习时间没有固定的限制，只要最后达到了能力标准即可。因此，在教学过程中，允许学生根据自己的学习情况选择不同的学习途径和进度，即自定步调学习，并在学习中贯彻小步子渐进原则、掌握原则和即时反馈原则。

（3）评价机制

在学习过程中，行为主义职业教育教学理论鼓励学生按照能力标准进行自我评价。在对能力进行评估的时候，采用的是标准参照，对照预先确定的详细的能力标准，逐一测量学生的操作行为是否达到标准。从多方面收集证据以确定学员是否达到标准，其中，主要是观察学生在完成指定任务时的实际操作技能表现，从中推断其能力的掌握情况，以操作行为作为测量能力的直接手段，知识和理解能力的测量作为间接手段。

行为主义的能力观将能力与具体的工作任务联系起来，使教学目标量化、具体化，从而提高培训的效率，易于控制学习过程和进行评价。但是，澳大利亚学者贡茨曾指出，行为主义的能力观把学习过程看作是既定技能目标的实现，从而以具体任务来分解能力必然是琐碎和不完整的，忽视了作为操作技能之基础的基本素质的重要性；忽视了在真实的职业环境中人们工作表现的复杂性以及在智力性操作（如操作数控机床等高技术设备）中专业判断力所起的重要作用；忽视了任务之间的联系，与系统论的观点相悖。另外，依据这种能力观进行的能力评价，只测量到了学习者与具体任务相关的相对琐碎的技能，没有真正测量到学习者的全面职业能力。

二、认知主义与职业教育教学理论

认知主义又名认知学派，是一种学习理论，与行为主义学派的理论相对。认知学派学者认为，学习者透过认知过程，把各种资料加以储存及组织，形成知识结构。

认知主义的理论之所以能够引入到职业教育的教学理论中，有其外在的和内在的必然性。从外在的角度看，职业教育需要针对变化不断加剧的社会环境，尤其是社会产业的变化引发的职业变化，同时，职业教育还需要适应学生多元化的需要和特征，还要考虑到社会和教育的民主和公平的需要；从内在的角度看，认知主义揭示了人类知识学习和技能形成更为深层次的原因，尤其是强调学习者的内部心理过程，探究学习者的心理特征与认知规律，不再把学习看作是对外部刺激被动地做出的适应性反应，而是把学习看作是学习者根据自己的态度、需要、兴趣、爱好，利用自己的原有认知结构，对外部刺激所提供的信息，主动做出有选择的信息加工过程。这对于职业教育重新完善与发展其关于教学的理念和认识，具有明显的内在推进作用。

（一）认知主义理论概述

认知主义理论对于认识论、知识观、思维理论和学习规律等方面都有深入的研究，并且形成了非常全面的理论框架和体系。但深究其理论内涵，则可以发现，其最重要、最核心的理论主要体现在以下三个方面：

1. 信息处理理论

基于信息处理理论的教学活动强调认知过程。认知过程被视为是知识的操作过程，教育的任务是传授个体认知策略并且教会他们将知识迁移到不同的情景和问题中，学习过程就是个体的问题解决策略从初学者水平逐渐提升到专家水平的过程。教学要使学生掌握思维技巧，使学生能够跨越不同情境，将在课堂中所学的知识和技能迁移到真实世界中，妥善地解决实际问题。这一过程的基础是个体对自己的认知结构和过程有清楚的理解和认识，即学生具备进行元认知的能力。在这个过程中，学习者被视为是信息处理者，其问题解决策略处于从初学者水平向专家水平转变的、动态的连续区间中。

教师在教学中扮演指导者的角色，负责选择学生应当掌握的学习策略和技巧，以解释、分析和示范的方式引领学生加以掌握，带领学生实践这些技巧，最后教师还要评价学生的学习效果。

这种理论认为，学校要单独开设培养学生掌握一般性思维技巧的课程，也要开设与某学科领域结合在一起的以培养学生思维技巧为核心的课程。在这个过程中，教师可以通过多种方式来促进学生元认知的发展：其一，可以让学生描述自己的思考过程；其二，加强学习者之间的合作，尤其通过模拟的方法让学生分工扮演不同的角色，并且让学生描述自己扮演角色过程中的思维过程；其三，学生必须学会观察和了解个人的认知过程，从而知道所学知识如何使用、在什么情境中使用。

学习情境是与某种特殊的学习任务相关的环境。信息处理理论认为，只有学习情境与可能的问题环境相似时，学习环境才最有价值。

为此，模拟教学法应当被广泛地使用。

教学设计的任务就是在明确新手和专家的知识状态、认知过程和认知模式的基础上，开发和设计出从新手向专家发展的教学步骤。教师在教学中首先要确定学习者所处水平，明确新手和专家的问题解决策略，找出新手可能出现的错误及原因，使学生逐渐掌握专家型的策略。

在教学评价时，标准就是专家型的思维模式与认知策略模式。教学评价的目的就是确定学生是否已经掌握和形成了系统的认知策略、是否能够迁移所学知识进行问题解决、是否对自己的认知过程有明确的自我意识。

2. 知识结构理论

与上述基于信息处理理论的教学论不同，基于知识结构理论的教学论强调知识及其与认知过程的整合。

学习是通过分析和整合构建意义的过程，是学习者和环境之间的互动，并且在环境中通过实践积极构建知识的过程。学习过程体现为学习者不断形成自己的问题意识，并且掌握问题解决的策略。学习尽管是学习者基于其独一无二的心理结构进行实践的过程，但是，这个过程却有其共同规律。

因此，学习者在某一知识领域中进行知识构建就有其共同规律可循。教学目标不仅要发展学生的认知技巧和策略，而且要使学生在课程情景中构建意义，并且基于一个学科领域或知识范畴培养学生具有发展反思理性的能力。教师引导学习者发现自身当前观念的局限性，并帮助其构建更为完善的观念。

教师的作用就是构建学习情境，这个学习情境中充满促进认知的各种刺激，充满各种鼓励探索和社会性互动的机会；此外，教师还要通过鼓励和非干涉性的指导来提升学习者的兴趣，促进他们进行探究、互动。教学评价不是终结性的，而是持续进行的。学习者可能被要求运用其所学知识去解决一个新问题，教师观察其进行自我探索、自主找出解决办法的能力。学习者也会被要求画出其解决问题的认知过程图、概念图或流程图，通过这种方式，教师和学习者自身都能够了解他们的知识及其组织情况。

3. 社会历史理论

社会历史理论所关注的问题是认知结构和认知过程是如何通过具有文化特性的人类互动和活动来形成。这种理论的视角从学习情境转向了真实世界，认为学习具有社会情境性。学习情境最好和应用情境尽可能地相似，甚至完全一样。

社会历史理论认为，学习成果是学习者和其他社会成员之间对话、互动的结果。对话是一种交换和互动，即成熟和不成熟的观念和能力之间的交换，以及使不成熟的个体走向成熟。语言作为社会互动的工具，在认知过程中起到重要作用。它是教师和学生所使用的工具，师生凭借它互相交流思想，学习者将文化概念加以内化。

社会历史理论强调，学习和发展之间的重要关系，并且认为二者之间存在一个所谓的"最近发展区"。学习能够促进学生发展，任何的外部支持都类似于建筑工程中的脚手架。教师的角色就是提供给学习者从事学习所需要的脚手架，从而使学生的学习更加容易，师生关系甚至类似于师傅与徒弟。

这种理论比上述两种理论更加强调情境，尤其是社会情境，并将其作为高级心理发展的一个核心因素。社会情境会限制或约束人的智力活动，并从根本上影响人的认知发展及其构建方式。

（二）基于认知主义的职业教育教学理论

认知主义理论产生之后，对教育教学理论产生了巨大的影响。这些影响同时也反映在对职业教育领域中教学理论的改进与发展方面。

1. 基于认知主义的视角理解职业教育的教学过程

随着认知主义理论的发展与成熟，许多学者都在思考一个问题，即认知主义的理论是否适用于职业教育的教学过程。也就是说，职业教育教学过程的特点是什么，认知理论中提出的培养学生高水平认知能力的目标和相关策略是否也适用于职业教育的教学。20世纪80年代末90年代初的一些研究，着重研究了这些问题。

1988年，韦伯和波立奥主持和组织了一项规模较大的研究课题，涉及893个班级、2251位教师、120个高中和24个州。研究目的是比较中等职业学校和非中等职业学校教学方法的差异。通过观察和问卷调查，研究者们发现，与非职业教育中的教师相比，职业学校教师的教学行为具有如下特点：

（1）其教学活动不只是班级授课；

（2）在讲演、解释或呈现资料方面花费很少时间；

（3）更多地在小组中或单独地与学生一起工作；

（4）比较少地强调学生的读、写和拓展讲演，比较多地创造学生参与实践和使用高层次技术的机会；

（5）较少地使用教科书和工作手册，更多地使用各种机器和工具；

（6）学生更多地从事于某种任务或活动，学生能够提高某种实践能力，如展示、实践、表演、模仿、角色扮演等；

（7）较少地使用试卷测验的形式，较多地使用工作成绩评价。

韦伯和波立奥的这项研究以及与之同时期的多项研究都揭示了职业教育教

学过程的基本特点，事实上这也在一定程度上揭示出了职业教育的教学本质，即职业教育承担着培育高素质技能型人才的教育任务，这就要求其教学过程与其他类型教育的教学过程有不同的特点。这些差异主要表现在如下几个方面：

（1）职业教育需要实施以学生为主导的教学，而不是以教师为主导的教学。在非职业教育的教学过程中，教学更多地表现为是由教师呈现信息，学生进行类似的集体活动，如演讲、讨论、写作业、阅读、学习教材和记笔记，学习中的互动主要是教师对学生的互动；而在职业教育中，则必须实施以学生为主导的教学，即学生主动去实践以掌握某种技巧，学生要进行个体的或小团队的活动，使用多种机器和工具，学习中的互动主要是学生与学生之间的相互交流。

（2）职业学校的学生多在具体的工作任务中学习，学生相互合作和交流的程度比非职业学校的学生要多得多。在普通教育中，学生更多地从事相同或相似的任务，与教师进行的交流远多于与同学之间的交流。上述研究结论从普遍意义上揭示了职业教育的教学目标与认知主义培养学生的高水平认知功能并不矛盾。职业教育教学的上述特点与认知理论的视角相一致，并且与传统的教学模式相反。

2. 职业教育的教学目标：从新手到专家

认知主义心理学家对于行为主义关于能力和技能的观念表示出疑义，并且指出人的技能并不是片段的，而是整体的，理解力、情感、价值观和稳定的情绪是影响能力和技能形成的重要因素。因此，技能并不是像行为主义学者所强调的只是简单的身体能力。

在认知理论中，有著名的"专家理论"，1996年，威廉姆·温和丹尼尔·塞德指出，人们在工作过程中，会从"新手"逐渐成为"专家"，其间个体的认知图式出现明显的发展，而且其工作效率变得更高，工作变得成效更好。随着个体经验增加及其不断面对各种工作中的问题，甚至是极其复杂的工作任务，个体会逐渐从简单的甚至有时会有些呆板的理解模式变为灵活的、动态的心理模式，而这种发展和变化，使个体最终能够自动地、恰当地回应各种突发的问题。

三、建构主义与职业教育教学理论

当前，建构主义认识论和学习论更为深刻地解释和描述了人类学习的本质，成为继行为主义、认知主义之后更为重要的教育背景理论。以建构主义的认识论和学习观审视职业教育，并且积极地推动当代职业教育教学观念和教学实践的转变，已经成为当前国际职业教育研究的一个热点。

（一）教育中的建构主义：促成一种新的学习论与教学范式

建构主义哲学，最早可追溯至18世纪意大利哲学家维柯，后经康德、黑格尔和杜威等哲学巨子的倡导，成为当代重要的思想流派。建构主义认为，人类并非消极地进行信息重复，而是积极地从事知识建构。个体建构知识的方式是将新信息与自己已有的知识体系建立某种联系，形成对新信息的解释，以此不断地发展其知识体系。建构主义的认识论原则集中反映为以下四点：①知识并非被动地积累而成，而是个体积极认知的结果；②认知是一个主体适应环境的过程，其功能在于使主体在特定环境中的行为更为适当；③认知需要组织和利用个体先前的经验，因此，认知不是对现实准确呈现的过程，而是一种意义建构的过程；④认知水平不仅取决于个体的生物条件，而且取决于以文化和语言为基础的人与人之间的社会交往活动水平。建构主义的上述认识论原则，对当代教育产生了深远的影响，不仅更新了教育中的学习理论，而且促成一种新的教学范式。

建构主义学习论主张，学习者在其自身的知识创造过程中具有积极作用，其已有的知识和经验对以后的知识创造具有重要意义。学习者的学习过程既是建构知识和意义的过程，也是其发展智力和形成批判思维的过程。因此，建构主义学习论认为，学习过程就是学习者将新的信息和经验与已有知识体系加以整合，修改或重新解释旧有知识以使其与新知识相一致的过程。

建构主义学习论认为，知识建构的方式是多元化的，如皮亚杰强调个体可以通过阅读、听写、探究以及体验等多种方式形成对知识的理解；而维果茨基则认为社会和文化的影响在知识建构中具有重要作用。实际上，建构主义认为，影响知识建构最为关键的因素包括知识应用的情境、学习者所处的社会环境以及是否对学习者有用三项。其内涵分别为：①个体在知识得以应用的情境中学习知识时，学习效果最好；②建立在与他人交往基础上的合作学习是个体建构知识并且促进智力和批判性思维发展的最好方式；③所要学习的内容对个体来说越有用，个体建构意义、形成理解的内在动机就越强烈。

建构主义学习论促成了新的教学范式，即从基于行为主义的以教师为中心的教学范式转变为基于建构主义的以学习者为中心的教学范式。在建构主义教学范式中，教师更关注意义的揭示，而非规定材料的传授；更加鼓励学生积极地质疑习以为常的假设，以促使学生自主地进行知识建构。这与行为主义的教学方法，即教师传播既定知识，检验学生对知识的掌握程度，关注学生的行为并加以控制等方法截然不同。因此，在建构主义教学范式中，"教"的关键是授予学生自主进行知识建构的能力。教师的作用在于使学生发现知识，并为其提供在现实世界中运用、反思和检验知识的机会。可以说，建构主义的教学范式使学生的学习活动从机械式的事实记忆转向元认知和自我评价，它鼓励学生对价值、信仰和假设进行批判性的反思，这从根本上否定了以测验为导向的非主体性的教学模式。

随着基于建构主义的学习论和教学范式在教育领域形成和发展，当代职业教育的教学观也出现了新的转变。

（二）从行为主义到建构主义：当代职业教育教学观的根本性转变

随着当代社会经济的发展、"能力"概念的宽泛化以及对工作环境中学习本质的重新认识，当代职业教育的教学观开始从行为主义向建构主义转变。

1. 当代社会经济的发展导致职业教育教学目标发生变化

1996年，世界经济合作与发展组织发布《1996年科学、技术产业展望》报告，并在"以知识为基础的经济"的专题中指出，人类正在进入新经济即知识经济时代。报告中还指出新经济的发展必将催生"以知识为本"的新职业，这些新职业要求从业者必须具有运用知识、管理知识和创造知识的能力，这些能力是保证从业者成功地设计和改造产品并实现高效生产的根本因素。

目前，知识社会和知识经济的发展已经表明，任何想获得某种工作并且想在其中得到持续发展的从业者，不仅要具备此种工作所要求的专门知识和技能，更要具有高度有序的思维、解决问题的能力、合作的心态与技巧，以及在工作环境中自主更新知识和技术的习惯与能力。因此，国外学者指出，当代合格从业者的标准之一就是能够"明确自己知识的局限性、提出适当的问题和确定信息的准确来源"。职业教育为适应新经济对人才提出的上述新要求，其教学目标必须由培养学生掌握单一定向技能转变为培养学生形成知识的建构能力。为了使学生适应未来工作的要求，职业教育不能只向学生提供某种特定知识和技能，而应当提供给学生与工作发展相适应的动态的知识和技能体系，并且培养学生形成自主学习和持续建构知识的能力。因此，旨在传授给学生固定、单一知识和技能的行为主义职业教育教学模式无法适应此种需求。面对当前工作环境对人力资源复杂多样的需求，行为主义教学模式显得过于机械。取而代之的建构主义的职业教育教学观则强调，职业教育的重要作用是"在真实环境中，以体验式的、情境化的以及社会化的方法促进知识的建构"，职业教育不仅要培养学生掌握一技之长，更要使学生养成自我学习的能力和习惯，从而使学生成为积极的、终生的知识建构者。

2. 当代职业教育中行为主义的能力观逐渐为建构主义的能力观所取代

如前所述，行为主义的"能力本位"职业教育模式实际上简化了现实工作环境的复杂性，或多或少地忽视了行为目标之间的联系、行为目标实施的现实环境以及工作中人与人之间相互合作的重要性。有学者指出由于现实世界的复杂性和不确定性，"行为目标实际上从来不能以理论化的既定模式获得"，建构主义学习观认为人们正是在与环境相互作用的过程中不断进行着判断、审查和反思，持续地建构自己的知识和技能，并且据此改变自己的行为。在建构主义学习理论中，能力被区分为多种水平，如新手水平的能力和专家水平的能力、经验式的能力和自主整合的能力。能力也并非如行为主义教学观认为的那样是一次性训练成的，而是个体思维及其行为持续发展的结果。其间，文化背景和社会实践始终参与到能力的形成中并起重要的作用。因此，能力的形成过程也是一个依赖于社会建构的复杂过程，个体的知识、态度、技能以及在任务情境中表现出来的价值观等因素都是能力的有机组成部分。这种对能力更为深入和科学的认识，决定了以能力为本位的职业教育和培训活动必须采纳建构主义的学习观念，以弥补行为主义的教学观念和实践模式的严重不足。

3. 工作环境中的学习同样体现建构主义的基本原则

阐明个体在工作环境中的学习规律是职业教育研究领域的重要课题之一，当代研究显示这种学习的发生机制与建构主义的学习理论相吻合。国外学者研究了若干种职业从业者的工作行为，研究结果显示当从业者在工作中应对缺乏经验、复杂和冒风险的情况时，对其最有效的帮助是专家的示范和指导。另外，有学者对医院工作者"如何摸到工作窍门"的规律进行了研究，研究结果表明，如果从业者能够在工作中持续学习，并且不断反思自己的职业活动，不断地重新解释和建构已获得的知识和技能，那么就会有效地促进其对职业知识和技术的掌握，其他学者对煤矿工人和产业工人的研究也表明，在工作环境这种非正式的学习情境中，从业者如果能够得到行家的指导并且能与他人进行良好的合作与互动，就可以促成有效学习的发生。上述研究表明，从业者在工作环境中的"社会交往"会影响其知识和技能的建构，而从业者带有反思的"职业活动"又会使其知识和技能得以不断地优化和完善。在此过程中，从业者工作学习的动力主要来自内在动机而不是如行为主义所强调的外部刺激，这种内在动机来源于从业者接受并认知新刺激而重构知识结构的需求。

因此，工作环境实际上是一种学习环境。从业者自主建构知识和技能的水平直接决定其最终的学习效果。为使职业教育能够促进学生的可持续发展，职业学校必须采纳和实施建构主义的教学观念和模式。

（三）建构主义职业教育教学观的核心理念

建构主义职业教育教学观的核心理念涉及师生关系、课程整合、教学模式和教学评价四个方面，是对职业教育教学观的全面更新。

1. 以学习者为中心的师生关系

与行为主义职业教育教学理论相反，建构主义职业教育教学理论将教学重心由教师"教"的方面转移为学生"学"的方面。学生被置于教学活动的中心，其学习需要、学习类型及其文化、社会背景等都受到高度重视。国外学者的研究表明，职业学校中的学生在以学习者为中心的班级中能够获得更大的发展，他们学习更积极、成绩更优秀。

具体而言，在以学习者为中心的教学关系中，学生被赋予更大的学习自主权。教师不再视学生为被动的知识接受者，而将其视为自我管理、自我建构心理模式和处于社会交往中的个体。教师也不只是知识的传授者，还是学生自主建构知识的促进者。教师为学生营造某种真实的工作情境，通过提供例子和组织讨论的方式，不断地促进学生的信息加工和知识建构。职业学校教师的任务在于培养学生掌握知识和形成技能。教师运用认知学徒制的方法，提供示范和扶持；随着教师的指导逐渐减少，学生的技能渐趋熟练。教师为学生设置的学习情境应当反映工作环境的核心特征，学生必须应用多方面的知识和技能来解决问题，并且在与他人的合作中进行知识的建构。葛瑞森也极力主张职业教师应当成为"教育者"而不是"师傅"，教师应当视学生为积极的学习者，不断推动学生进行反思性思考、探究性学习和合作式学习，使学生的学习内容与其未来的工作环境具有极强的相关性。

2. 学术课程与职业课程的整合

课程整合体现了建构主义职业教育教学理念的基本原则，是建构主义职业教育教学观得以实现的重要途径。课程整合的核心理念是：个体正是通过与社会环境之间的相互作用来建构知识。因此，职业学校必须提供给学生在现实世界中运用和验证知识的机会，使学生不断地"建构新知识"。课程整合的目的在于使职业教育的教学从狭窄的、定向的和技能为本的模式转变为宽泛的、针对岗位群的和以人为本的模式，使教学不仅传播知识和技能，而且使知识与工作环境之间建立起广泛的联系，从而打破行为主义单一定向化的职业教育教学模式，将学术内容整合到职业课程中是课程整合最基本的形式，这一做法的目的既在于"加强职业课程的学术性"，也在于"加强学术课程的职业相关性"，弥补由学科领域的分割而造成的知识割裂，从而加强学术知识与工作环境之间的相互联系性。有许多学者认为，职业学校应当将学生置于现实工作情境中学习和掌握学术课程，以加强学术课程的职业相关性。这种将学术内容整合到职业课程中，并将其情境化的做法，有利于培养学生形成从事技术性工作时所需要的批判思考能力和创新能力。

3. 问题解决为本和情境化的教学模式

建构主义教学观主张，个体之间有意义的社会互动是发展认知和建构知识的基本方式。解决问题为本的教学模式正是基于学生之间的相互作用和相互依赖，使学生在合作中共同承担学习责任、共同解决问题。此种教学模式要求教师必须具有良好的协调人际关系和指导团队工作的能力和技巧，能够采取合适的教学策略、运用丰富的教学资源和组织合理的教学活动来改善学生的思维和培养学生良好的问题解决能力。问题解决为本的教学模式所包含的教学方法有案例教学法、仿真教学法、问题解决法、定向教学法以及行动研究法等。布朗总结出了问题解决教学模式的四个关键因素：①教师需要深入研究教学内容、学生情况和教学资源，以便提出与教学内容相关且学生可以解决的问题；②问题的解决方案并不是唯一的，应当鼓励学生积极探究不同的解决方案并选择出最优的一套；③在解决问题的过程中，学生是主角；④教师必须在教学结束时对自己所提出的问题、学生的解决方案和每个学生的表现进行评价，以总结和反思此次问题解决的教学过程。

建构主义教学观认为，学生在知识和技术被应用的真实情境中学习时，其学习效果最好，这也正是建构主义职业教育教学理论特别推崇情境化教学模式的根本原因。此种教学模式要求教师将教学方法、教学内容、教学情境和教学时机有机地结合起来，使学生能够更好地从新信息中建构知识。

由于情境教学是使学生"基于具体的项目并在特定的情境中学习"，这样一来，学生的学习活动不仅符合学校的目标，也与其家庭、社会及未来的工作环境相关。职业教育中的情境化教学模式提倡认知学徒制的教学策略，其方法是将学生置于真实的工作情境中，由教师或专家示范解决问题的策略和方式，学生加以模仿并且表达出自己的思维过程和操作程序。随着教师和专家指导的逐渐减少，学生在不断实践的基础上，建构起自己的知识和技能，将外在的指导内在化为自己的能力。

情境化教学模式与以往职业教育中的合作教学或实践教学模式并不一样，后者注重学生实践技能的培养，而前者更注重学生知识和技能的建构以及高层次思维的养成。斯腾总结出职业教育中情境教学的三个主要原则：①学生学习发生在特定的情境中；②学生在某一情境中掌握的知识和技能可以被迁移到其他相似的情境中；③学生不仅需要掌握相关的陈述性和程序性知识，而且要提升其思考和理解水平，改善其解决问题和相互合作的能力。

4. 认知学徒制——教学方法的变革

建构主义学者们关于人类学习的深入分析与思考，催生了认知学徒制这种理论的发展。所谓认知学徒制是指一位具有实践经验的专家，指导新手进行学习，专家进行示范和讲解，新手则进行观察和主动学习，在一个真实的社会情境或工作情境中，通过双方或团队的互动，让新手主动构建知识，进行学习的过程。认知学徒制理论认为在教授新手技术时，会存在某些潜在过程，如果教师未能注意到这些潜在过程，就会使学生学习效果不理想。为了解决这一问题，认知学徒制就被提了出来，"它旨在使那些技术传授中的潜在过程得以外显，使学生能够观察到、模仿之，并且在教师的帮助下实践之"，因此，认知学徒制理论强调，在新手开始学习时，专家应为之提供"支架"（或称"脚手架"）和帮助。随着学习者建构起自己的知识框架，这种帮助就可逐渐减少。由此可以看出，认知学徒制与学校中的日常教学模式有很大差别。它是一种从改造学校教育中的主要问题出发，将传统学徒制方法中的核心技术与学校教育整合起来的新型教学模式。

认知学徒制力求培养学生的高层次思维能力，也就是专家实践所需的思维能力、问题求解和处理复杂任务的能力。培养学生的高层次思维能力在职业教育中至关重要。正如美国职业教育学者瑞贝卡所指出的："创造性思考与问题解决能力是从事职业工作的关键能力，一个缺乏创造性思考与专业问题解决能力的人无法合适地就业。"具体而言，认知学徒制的教学方法主要有六种：建模、指导、脚手架的搭建与拆除、清晰表达、反思和探究。其中，建模、指导和搭建脚手架是核心方法，主要用于帮助学生在学习活动中获得认知。

对于职业教育来说，认知学徒制具有明显的重要意义和价值。当前，已经成为我们重新审视职业教育教学过程，甚至是支撑现代职业教育教学的基本理论。如西方当代职业教育理论和实践中广泛流行的工作场所学习的问题，就需要运用认知学徒制的理论来加以解释和分析。认知学徒制理论的缔造者——美国学者科林斯认为，认知学徒制具有如下特点，使它能够有效地应用于工作场所的学习之中。

（1）真实性。学习的内容、任务蕴涵于现实场景中，这反映了学习的知识或技能在真实世界中的作用与价值。

（2）同一性。在一定程度上，完成工作任务的过程就是学习者获得知识发展能力的过程。

（3）关联性。学习者能够把他们的思考与所学的内容联系起来。

（4）反思性。学习者能够反思自己的行为表现，并与他人的表现相比较。

（5）周期性。通过重复计划、行动、反思的周期，学习持续不断地进行。

（6）多媒介性。在学习中可以最大限度地使用每一种媒介或工具。可以说，认知学徒制与工作场所学习的认知基础是相适应的，它已经成为工作场所学习的极为重要的形式。现代化的社会生产非常复杂，工作场地的环境也很复杂，学习者要在工作场地中学会学习，认知学徒制是非常必要的方式。

5. 真实性教学评价

随着建构主义教学理论的兴起和发展，一种新的评价理论与模式——真实性评价逐渐形成和完善。这种评价理论主张，教师应当在知识和技能所应用的现实情境中评价学生对知识和技能的掌握情况，以检测学生是否具备了教学目标所要求的能力。真实性评价的前提是教学过程中的课程内容、课程设计以及教学活动都是基于真实的情境而开发出来的，只有这样，真实性评价才具有实际意义。

职业教育中实施真实性评价的目的是要培养学生解决实际问题的能力，促使学生在学习阶段便熟知他们未来在工作环境中应用这些知识和技术的方式。在职业教育中运用真实性评价时，不仅要着眼于检查学生能否完成规定的学习和工作任务，还要着眼于使学生形成现实工作环境所要求的高度有序的思维和应用所学知识技术创造性地解决实际问题的能力。以往的职业教育教学评价方式只注重了前者，而忽视了后者。

是基于建构主义的认识论和学习观对职业教育教学的本质进行审视与考察，涉及对职业教育教学诸构成要素及其理论基础的重新认识，对这一研究课题的不断推进将会大大加强职业教育教学理论的发展和进步。

四、"行动导向"的职业教育教学理论

德国的职业教育在全世界独树一帜，并且长期以来处于世界一流的水平。德国职业教育的教学理论也颇有影响，以"行动导向"而著称。以行动为导向的教学理论为德国职业教育的良好发展作出了不可磨灭的贡献。德国"行动导向"的系统经验值得我们借鉴，其理论内涵值得我们深入研究。

（一）行为、行动、活动、实践内涵辨析

"handlungsorientierung"一词风靡德国职业教育界，成为研究人士所关注的热点话题。我国许多学者将"handlung"译为行为、活动或者实践，我们在此从研究词义本身内涵和意义的角度出发，对这几对概念进行辨析，以便更好地理解行动导向这一概念。

1. 行为和行动

handlung直译过来是举止、行为、操作、处理之意。因此，很多学者将handlungsorientierung译为行为导向。但是按照Duden字典的解释，handlung是某人做什么或者已经做的过程或者结果，有的学者据此对前一种译法提出异议，认为按照心理学的解释，行为只是一种能力，而不是一个过程，并没有体现出处理的含义，因此，将handlung译为"行动"更为贴切。而且《现代汉语常用词辞

海》将"行动"注释为:"动"指为实现某种意图而具体开展活动。将"行为"注释为:受思想支配而表现在外面的活动。因此,单从词义上看,行为并不足以阐释行动导向的内涵。另外,handlung这个词英语译作"action",即"行动"之意。在德语中,一般意义上的"行为"译作"verhalten",涉及心理学、教育学上的术语"行为"则和英语中的"行为"一样译作"behaviour"。

另外,如果将handlungsorientierung译为行为导向,易陷入"行为主义"的误区。行为主义中经典条件反射的代表人物巴甫洛夫将学习定义为反应和刺激的结合,是有机体为适应外界刺激而产生的反应的连接。在以斯金纳为代表的操作性条件反射中,个体以特定的方式来应对外界的刺激,学习是通过外界的正负强化作用而不断获得和加强的。可见,行为主义认为,教师是教学的主导,学生的任务只是应对外界产生的刺激而相应地做出反应,这与行动导向教学理念完全背离。

2. 实践和行动

众所周知,实践指人类能动地改造自然和社会的全部活动,这种活动具有能动性、客观性和社会历史性等特点。德国职业教育的典型特征是"理论与实践相结合"的双元性特点,将handlungsorientierung理解为实践导向未免过于乏力,单纯地将行动导向的概念运用于职业教育的实践领域是不科学的,因为这一教学原则不单在企业中经常使用,在职业学校和跨企业培训中心也是颇受推崇的,整个教育领域都在关注着这一概念。从词义范围来讲,活动比实践的概念更为具体、更有针对性,也更加能够体现职业教育的本质。

3. 活动和行动

德语活动一词"aktivität"直译过来是活动性、活性、活度;积极性、主动性;行动、活动;放射性,学习由许多不同的活动组成,通过这些活动人类获得了知识。

由此看来,如果将handlungsorientierung译作"活动导向"虽能阐释其内涵,但是以杜威、皮亚杰为代表的活动教学、活动课程理论,强调教学或课程的目标来自而非先于活动过程,教学目的只能以一种模糊的、非确定的词汇来描述。学生要通过没有事先确定目标的学习活动才能获得属于自己的知识。由此可见,为了体现handlungsorientierung教学过程学生的主导、主动性、目标明确性、过程性,译为"行动导向"比较贴切。

(二)行动导向的内涵及课堂定义

1. 行动导向的内涵

首先,我国学者对行动导向和行动导向课堂的定义也进行了研究,大部分文献中都已经认识到"行动导向"只是教育教学的一套理论或者说是一种理念，本身并不是一种教学方法，当课堂教学中所使用的方法具备"行动导向"的特征时，才能称其为"行动导向"的课堂教学。

（1）行动导向是一种指导思想

德国学者特拉姆曾对以行动为导向的职业教育教学作了界定，指出行动导向是一种指导思想，旨在培养学习者将来具备自我判断能力，懂行和负责的行为。顾特斯指出，行动导向教学不是教学法理论，而是一个教学原则，具有一定的特征，通过学习心理学和社会化理论的理论验证，并在不同的课堂情景中得以实现。德国联邦职业教育研究所原比较研究部负责人劳尔·恩斯特女士指出：行动即学习原则。

（2）行动导向是一种教学过程

国内有的学者指出，所谓行动导向，实质上是指在整个教学过程中，创造一种学与教、学生与教师互动的交往情境，把教与学的过程视为一种社会的交往情境，从而产生一种行为理论的假设。

（3）行动导向本质上以工作过程为导向

行动导向，是指学习是个体的行动，学生是学习的行动者，教师是学习行动的组织者、引导者、咨询者，为了"行动"来学习并通过"行动"来学习，从而达到"手脑统一"。"行动导向法"是指教师不再按照传统的学科体系来传授教学内容，而是按照职业工作过程来确定学习领域，设置学习情境，组织教学。它是由师生共同确定的行动项目来引导教学的组织过程，学生通过主动和全面地学习，达到脑力劳动和体力劳动的统一。严格意义上的行动导向教学，指无论教学中要解决的问题是大、是小或其复杂程度是难、是易，都要按照完整的劳动过程模式进行。

2. 行动导向的课堂定义

德国采用行动导向课堂起因于职业学校的目标是以学生行动为出发点，根据"行动理念"这一总目标，按照"行动导向"理念来设计各种教学方法，让学生自我行动，以"完整行动理念"这个总原则来培养学生行动能力（即专业能力、方法能力和社会能力）。

这一套思想又通过"行动领域—学习领域—学习情境"来实施，自从1995年学习领域一词开始进入德国职业学校，在课堂上也普遍应用学习领域这一概念。行动领域源于工作实践，以复杂的社会职业提出的需要为出发点，是作为教学意义上的形式存在的，通过学习领域学习，学生可以更好地工作。

行动领域是指由能够促使职业、生活以及社会方面的问题得以解决的行动场景而共同组成的复杂综合体。行动领域一般是多因素的，它将职业、社会以及个人问题状况三个因素融汇在一起，但是各个因素的侧重点不同，需要将三个因素分开来在教学意义上进行分析。

学习领域是指以教学法为基础，为学校教育制定出来的行动领域，它综合性地、概括性地提出复杂的行动问题，这些问题通过在以行动为导向的学习情境下，在教学中被领会和掌握，学习领域是通过目标描述和学习内容体现出来的。

学习情境是学习领域的具体化。在教育和培训中，将职业、生活和社会中具有重要意义的行动情境分化与再现出来，并且使用合适的教学法，使之成为教学的背景。

学生在学习领域中可以有不同的情境关系，学习情境是在学习领域中体现出来的，可以通过很多个课时反映出来。学习领域又是通过对目标的描述来实现的，不再是单学科的，而是跨专业的、行动导向的教学，是职业课程与企业的直接联结。学生实际生活中的行动领域通过教学法整合到学习领域中，在学习领域制定时将其具体化到各个不同的学习情境当中，最后学习情境可以反馈到学生的行动领域中。因此，在德国，大部分学者普遍接受的观点是，把行动导向称为一堂课（即Unterricht），Duden字典对此词的解释是：通过教师对学生传授相应的信息和知识为形式，学生在这堂课上不仅能够手脑并用，而且能够应用所有的身体器官来学习。行动导向课堂是全面的、学生主动的课堂，在课堂上，教师与学生之间缔结的"行动产品"引导着教学过程的形成，以达到学生手脑并用的效果。

如今德国职业教育的总目标是将职业行动能力作为学生学习的关键能力，学生通过这种关键能力的获得，能够自主学习和行动，能提高自我能力、满足自己的需要，并且获得发展能力，有负责的精神并且有自主意识，学生能积极主动地与他人交流合作，有解决冲突的能力。为了实现行动理念这一总目标，德国职业教育课堂中采用了多种教学方法来实施行动导向的设计理念。

在这个总原则的指引下，各种教学方法都要遵循"完全行动"理念这一套行动模式，即：①定向阶段，学生行动起源于实际；②确定行动目标，其下再分为很多子目标；③草拟行动路径的处理和加工；④决策，评价；⑤控制，对过程和结果进行控制。

行动导向成为德国热点话题的同时，在其国内也产生较大的争议，由于其本身对教学产生了深远影响，一些学者便视其为一种教学法，与教育理论教学法、学习理论教学法和学习目标导向教学法等并列起来，即行动导向教学法。如格奥尔格·贝克尔从教师的角度来定义，认为行动导向教学法是教师有能力胜任某种资格的教学，并且这种教学有助于学生获得自我行动的能力，教师能够专业地按照自己的社会能力去计划、实施和分析利用人性化、民主与有效的教学。

当然，这种提法也值得讨论。德国教育学者们普遍认为行动导向应当是一种指导思想，一种教学理念，而不是一种具体的教学方法。这也是我们在学习和借鉴德国行动导向教学理论过程中需要特别注意的一个问题。

第三节 职业教育教学的特点与功能

一、职业教育教学的特点

（一）教学活动的实践性

职业教育的目的是为生产第一线培养专业技术人才，通过学习，学生获得一种能满足某一职业或工作需要的综合职业能力。这就要求职业教育的教学必须做到理论与实际相结合，即教师要理论联系实际地教，学生要理论联系实际地学，做到学以致用。职业教育教学活动的实践性，是职业教育的目的在教学工作上的最大反映。通过实践教学，增强了学生运用所学理论解决实际问题的能力，使学生能从容地应对未来工作。

（二）教学内容的实用性

实用性是职业教育教学内容的一大特点。实用性是指职业教育的教学注重知识的实际运用，重点在促进学生生产、服务等职业技能的学习和职业态度的养成。教学内容的广度和深度基本上以实际工作需要为度，既要使学生掌握一定文化基础知识和专业知识，还要注重教学内容的实用性和应用性，培养学生的实践技能，让学生掌握一技之长，从而适应职业生活。

（三）教学组织的多样性

教学组织形式包括理论为主的教学、实践为主的教学和整合为主的教学三个方面。班级课堂授课就是理论为主的教学的表现形式，像实训操作、认识实习、生产实习就是实践为主的教学，毕业实习和毕业设计就是整合为主的教学。

目前，我国职业学校主要还是采取班级授课制，即把学生按相同专业工种、程度分成班级进行教学。在这个前提下，具体的教学组织形式有全班、小组和个别三种。近年来，考虑到学生学习水平之间的差异，分层教学形式也越来越受到关注和使用，有针对性地对学生进行有效教学，使学生的能力在自身原有水平上均能得到提高和发展。另外，教学方法越来越从以知识传授转向能力培养上，教学重心也逐渐从教师的教转向学生的学。以行动导向的教学法得到推广和欢迎。教学组织的多样性的特点适应职业学校的教学需要，从而促进学生全面发展。

（四）教学场所的开放性

职业教育的理论教学同其他类型教育的教学有共同之处，主要是在教室里进行，也就是课堂教学。作为职业教育教学的重要组成部分的实践教学，其性质决定了其教学场所的开放性。作为课堂教学的补充，职业学校的学生需要进行模拟操作、实验、实习、设计、工程测绘、社会调查等实践学习，这就要求学生要走出课堂，走向社会，锻炼自己的实践能力，从而塑造从业所必需的职业能力。

（五）教学对象的复杂性

职业教育教学对象的复杂性是由职业教育类型及本质属性决定的。现代职业教育体系是终身教育体系，向所有年龄的人员开放。因此，职业教学活动对象，从年龄上说，既包括青年人，也包括中年人和老年人；从就职背景上说，既包括就职前没有工作经验的人员，也包括有工作经验的在职人员。教学对象的复杂性一方面体现了职业教育教学对象年龄、阅历层次的多样性，另一方面也表现了教学对象学习、心理状况的复杂性。

（六）教学师资的兼容性

职业学校教师队伍的兼容性包括两方面：①强调专兼结合。专业基础知识教学除了专职教师外，还要聘请一部分既有理论水平又有实践经验和教学能力的专家来任教。②建立一支"双师型"的教师队伍。"双师型"是职业教育教学师资的重要特点。所谓"双师型"教师，是指在教师业务素质上，既要具备扎实的专业理论知识和较高的教学水平，又要有较强的专业实践能力和丰富的实际工作经验。

二、职业教育教学的功能

职业教育教学是现代职业教育学校中最基本、最经常、最活跃的教育形式，也是职业学校实现教育目的、促进学生德智体美劳全面发展的最基本、最主要的途径。因此，能否全面准确地理解与把握职业教育教学的功能，不仅直接关系到职业教育的办学方向和教学质量，而且也将对青年一代乃至整个民族的素质水平产生重大的影响。职业教育教学具有多种功能，分述如下：

（一）教育的功能

德国教育家赫尔巴特说："教学如果没有进行道德教育，只是一种没有目的的手段；道德教育如果没有教学，就是一种失去了手段的目的。"赫尔巴特的这段话，就是对教学与教育关系的集中概括。职业教育教学当然也不例外。但是，作为职业教育最主要的一种教育形式，教学功能又具有许多不同于基础教育和其他教育的特点。

首先，突出教学的教育功能。这是我国职业教育社会主义性质的必然要求。职业教育是社会主义事业中不可分割的一个重要组成部分，它肩负着培养社会主义事业劳动者的历史使命。因此，教学中必须注意培养学生科学的世界观和人生观，培养学生的思想品德、良好心理素质和人文素质，只有这样才能落实职业教育的培养目标。

其次，职业教育承担着繁重的传授科学文化知识的任务。只有系统地、全面地掌握人类文化科学知识成果，才能更为深刻地领会马克思主义的精神实质，做到触类旁通，形成正确的观点、信念和世界观。同时，科学知识本身就具有重要的思想道德教育价值，各科教学内容不仅从不同方面科学地揭示了自然界、人类社会和思维现象发展变化的规律，而且必然反映出一定的世界观和方法论，必然受某种思想体系的指导，必然表现出缜密的内在逻辑联系。从丰富的科学知识中吸取营养，将对学生起到丰富而深刻的教育作用。

最后，教师在向学生传授知识的同时，自觉或不自觉地会把自己所信仰的思想体系、哲学观点和一定的意识传授给学生，从而对学生的世界观、人生观和价值观产生影响。此外，学生还会从教师在教学过程中以及在平时的言谈举止中表现出来的思想感情、态度倾向、个性心理品质中受到潜移默化的教育和影响。

（二）发展的功能

职业教育教学既是向学生系统地传授知识、培养职业技能技巧的过程，又是促进学生身心全面发展的过程。

1. 社会的发展

教学是把社会与个人，特别是新生一代联系起来的重要纽带和中间环节之一。人类社会的延续发展必须有一代又一代的新人接替。人类社会历史发展中长期积累起来的经验、知识、文字、科学、政治、伦理等都要一代代地传递下去。事实上，历代祖先积累创造的光辉灿烂的文化采取了多种才得以保存、传递下来，教学是其中最重要的一种方式。

2. 个人的全面发展

职业教育教学中逐步地、愈来愈明确地把个人全面发展和个性发展作为自己的目的。首先，将个人全面发展作为职业教育教学的目的，得到普遍认同。大家都把培养全面发展的人作为职业教育教学的任务，可以说个人全面发展已成为当代职业教育教学的一种自觉追求。其次，个人全面发展的内涵变得更丰富了。职业教育教学所追求的个人全面发展，已不仅仅限于个人学知识、学技术。一些新的要求也提了出来，比如发展个人的创造能力，丰富个人的情感生活，激发个人的主动性、进取心，培养个人的社会活动能力，养成自律自尊的品德，发展个人的道德感，等等。不仅如此，发展人的主体性，形成个性，已越来越受到重视，并日益成为教学的基本目标。将个人全面发展作为职业教育教学的目的得到了更普遍的实践，人们越来越认识到，只重视科学是远远不够的，人的个性和人格的发展，对于当代人来说也是不可缺少的。

（三）职业指导的功能

职业教育的教学过程是帮助学生选择职业的过程，也是为就业做准备的过程，也是任职中求得发展的过程。帮助学生根据自身特点和社会需要，是沟通教育与职业、学校与社会的桥梁。首先，要让学生们对社会的职业状况有一个比较全面和正确的了解。其次，帮助学生确定正确的就业方向。具体来说，要达到如下要求：增进对职业的认识、培养职业兴趣、学习基本的职业技能技巧、建立起创业的远大志向。同时，帮助学生从自己的实际出发，根据自己的特点选择相应的职业。鼓励学生朝着更高的标准发展，既要发扬长处，又要补足短处，成为社会所需要的优秀职业技术人才。

（四）科研、生产劳动和技术推广的功能

教学、科研、生产劳动和技术推广是现代职业教育的重要功能。根据职业教育中的教学工作计划和培养目标，将教学、科研、生产劳动和技术推广作为一个互为制约、互相促进的有机整体，贯穿于学校教育活动的全过程。

1. 职业教育教学要具备科研功能

从教学内容来看，职业教育教学的一个重要任务就是向学生系统地传授前人取得的生产和实践经验以及研究成果。职业学校的教师要注意教学和科研的结合，不能只满足于已有的书本知识的传授，否则会使教学内容远远落后于飞速发展的科学技术实际。

从职业教育的培养目标看，科学研究既是培养德智体全面发展的途径，又是造就开拓创新精神人才的一条必不可少的途径。社会主义现代化建设要求职业学校学

生能继承前人的思想，要求他们开拓创新，有所发现，有所创造，从而推动我国社会主义建设不断向前发展。根据这样的要求，科学研究活动本身就是职业教育，特别是高年级学生的一个重要教学环节和教育形式。从这个意义上讲，职业教育教学的全过程本身就包含科研活动在内，是学校实现培养目标的重要保证。

从师资队伍的提高看，教学与科研的结合势在必行。教师要想跟上这种发展形势，不断提高教学水平，就必须及时了解新的科研进展，并不断根据现代科技的发展补充更新教学内容。教师如果没有从事科学研究的能力和切身体会，教学水平就难以提高，只能照搬陈旧的内容，这样的结果必然误人误己。

因此，职业教育教学的科研功能主要表现在两个方面：第一，把科学研究成果及时地反映到教学内容中来；第二，结合教学独立地同有关生产科研部门联合进行新技术的开发、引进、示范和推广工作，把教学论文同技术开发和课题研究结合起来，根据教学、生产和生活的实际需要，组织师生进行联合攻关。

2. 教育同生产劳动相结合

这是职业学校培养全面发展人才的根本途径。这种结合必将有助于学生获得生产方面的知识和技能，使学生逐步成为一个既懂理论又懂操作的有用人才；有利于学生将理论与实际紧密结合；有助于学生掌握新的科学技术及现代化生产的操作工艺；有利于学生提高思想政治素质，增强学生的责任感、使命感。在生产劳动过程中，学生对工人、农民及其他劳动者有了更为深切的理解，懂得了对劳动人民的热爱和尊重，对劳动成果的珍惜和爱护。同时有利于学生身心的健康协调发展，加深了对社会及其改革的深刻理解，增长了见识、开阔了视野，有利于学生综合素质的提高。

3. 教学与技术推广相结合

职业教育是传播科学技术的重要手段，是科学技术转化为现实生产力的桥梁。职业教育的教学活动是实现这两个功能的有效途径之一。在技术推广活动中，教育与生产劳动得到了结合，并催生了大量的最新的技术信息，为教师更新教学内容创造了条件，从而有效地保证教学内容的先进性。

教学只有同科研、生产劳动和技术推广相结合，才能提高学生的社会适应性，从而达到教育的预期目标。技术推广可使学校有一定的经济收入，对改善办学条件会产生积极的作用。同时，在推广过程中还会产生良好的社会效益和经济效益，对改善和扩大学校的发展空间有着很大的促进作用。因此，技术推广是一种多元效益的活动，必将促进当地经济发展，并增强学校自我发展能力。

三、职业教育教学中人的主体性

（一）人的主体性在教学中的地位和特征

1. 地位

教学的根本目的在于培养人的主体性。因为主体性是人全面发展的动力源泉和手段。它促使学生主动掌握知识、技能，形成一定的品德、智慧、审美等素质。主体性存在于认知、评价、审美、信仰等真善美的活动中。因此，弘扬人的主体性，突出人的主体性在职业教育教学中的地位具有重要的意义。

（1）主体性与人的发展关系密切

首先，主体性是实现教学目的的工具、手段，具有教育的功能。其次，主体性具有智育的功能，求知求真、以智为本成为教学的主流。最后，主体性具有全面教育的功能。人作为主体内在包含着道德修养、审美情趣，主体性是达到"真善美"教育目的的手段和方法。把"真"作为自主认识的目的，把"善"作为自主意志的目的，把"美"作为自主感觉的目的，这样才能培养全面发展的人。

（2）主体性与社会发展关系密切

具有主体性的人，对社会发展起着重要的，甚至决定性的作用。人的发展与社会的发展是相互促进的。社会发展制约着人的发展方向，又不断向人的发展提出各种要求，以适应社会发展的需要。人得不到应有的发展，社会也无从发展；人发展了，主体性提高了，能动性、创造性释放出来了，社会也就随之发展了。其原因有二：①人的主体性的发展受制于社会的发展。社会对人的总体能力发展的自觉性，主要表现在社会历史条件方面，它们不仅制约着主体的实践能力，而且制约着主体的意识能力。例如，人们今天能够认识到距离地球上百亿光年之远的宇宙天体，是借助于高倍望远镜的诞生，没有现代电子工业也就不会有电子音乐和电视艺术家。②主体性的发挥推动着社会的发展。因此，教育首先要以解放和发展个人主体性为目标，这是实现社会主体性的唯一途径，它有利于社会的发展。学生是认识、学习的主体，因此，需要在教学过程中培育和提高学生的自主性、积极性和创造性，使学生独立自主地发挥能动作用，以促进教学的和谐发展。

2. 特征

一般意义上，人的主体性是人作为主体而在一切对象性活动中与客体相互作用而表现和发展起来的功能特性。它的具体表现形式是自主性、能动性和创造性。但是，教育所面对的是正在成熟中的学生，学生作为未成熟的个体，有其一定的特殊性。一方面，学生作为成长中的个体，其身心发展的未成熟状态制约着主体性的充分发挥；另一方面，学生所处的教育环境——学校——这一"准社会"客体，是在学校有计划的安排之下对学生产生影响的，这本身又限制了学生主体性的充分发展。因此，学生主体性因受其本质力量的决定有其自主性、创新性的一面，客观上又具有一定的依从性、受动性和模仿性。这就构成了学生主体性发展的特殊性。

（1）自主性与依赖性

学生作为主体具有潜在的自主意识和自主能力，而且伴随其身心的成熟与发展又不断地促使学生自主意识的增强；但由于学生作为成长中的个体，决定了他对学校的依赖性，需要得到他人的保护和尊重。学生主体性的双重性特点，要求我们在教学中既要尊重、培养和发挥学生的自主意识和自主能力，又要积极地引导并锻炼学生自理、自控和自制的能力，使学生们逐渐摆脱依赖性，走向自主性。

（2）能动性与受动性

学生作为人，作为活动的主体，具有主动作用于客体自觉的、能动的一面；但作为教育的对象又具有受动性的一面。因此，学生作为主体具有能动性和受动性的双重特性。在教学中要努力克服学生受动性的方面，就要注意激发和调动学生的能动性，促进学生主体性由受动向能动的方向转化。

（3）创造性和模仿性

模仿是每一个成长中的学生的本性，模仿伴随着学生发展的整个历程，它是创造的基础。学生有模仿的特性，同时又具有创造性的一面，即具有勇于探新、开拓进取、富于想象的特点。基于这样的特点，在教学中，需要教育者引导学生不断由模仿走向创新，培养和发展学生的创造性。

（二）主体性教学的时代意义

1. 弘扬人的主体性是时代发展的主旋律

发展人的主体性，提高教学质量，这不仅仅是教育自身发展的规律，而且也是社会发展规律的必然反映。主体性是现代人的最主要特征，是人的全面发展的核心和精神实质。职业教育教学的主体性教育特点，既揭示了教育教学发展的规律，又符合现代社会发展的要求。因此，主体性教育思想具有时代特征和现实意义。

2. 发展人的主体性是实现自我教育的阶梯

著名教育实践家瓦·阿·苏霍姆林斯基强调："只有能够激发学生进行自我教育的教育，才是真正的教育。"职业教育教学就是最终促进自我教育和终身教育得以实现的理想阶梯。今天的职业教育不仅能够传递知识文化，更是作为承接自我教育和终身教育的中转站。它作为达到自我教育和终身教育的条件和前提，肩负着转化的使命。

职业教育教学的主体性思想在发挥教师主导作用和学生主体作用的基础上，不断培育学生的主体性，使学生不断摆脱原有的依存性、受动性，成为自立、自尊、自主的独立主体，成为能够进行自我教育、学会方法、学会学习的人，为终身教育奠定良好的基础。为此，教师必须善于启发引导，善教善导，注意教会方法，培养学生主动求知的各种能力与良好习惯，注重学习和应用各种现代的教学方法，教会学生学习。使学生不断树立起个人的自尊心、自信心、进取心，自觉地进行自我修养、自我锻炼，使自己的个性得到全面和谐的发展。

3. 发挥人的主体性是提高教学质量的有效途径

近年来，教学中出现的学生"厌学""课业负担过重"等问题，严重影响教学质量的提高。要改变这种状况，除了进行教育体制的改革，提高教师的教学水平和教学能力外，还要从改变学生观念入手，使学生由"被动"变为"主动"，从"要我学"变为"我要学""我会学"。

教育理论工作者的调查研究发现，主体性的丧失是导致厌学的原因之一，传统的"满堂灌""填鸭式"教学，漠视学生的主体地位，置学生于被动的地位，久而久之，这种枯燥的"苦学"必然积淀为学生学习心理的沉重负荷，导致学生学习成绩下降，产生厌学的局面。由于学生主体性发挥更大程度是影响教学质量、提高教学效益的内在动因之一，因此，职业教育教学应遵循发挥教师主导与学生主体性作用相统一的规律，以此作为重要的突破口，改革人才观、教学质量观和学生观。既要把学生当成教学的对象，又要把他们当成学习的主体，充分相信学生，尊重学生，建立起民主平等的师生关系，使学生在积极主动的愉快活动中接受教育，把学生从死记硬背的重负中解放出来，使他们在学习中体验到克服学习困难的精神满足，体验到学习有所得的胜利感和愉快感。这样，就会变"苦学"为"爱学""乐学"，促使学生智能飞跃发展。

第四节 职业教育教学的目标与内容

一、职业教育教学的目标及其价值取向

（一）教学目标的内涵

1. 教学目标的定义

教学目标是指教学活动的主体在具体教学活动中所要达到的预期结果或标准。教学目标具体而精确地表达了教学过程结束时教师和学生共同完成的教学任务。由于教学目标是预先设定的，故而也是衡量教学任务完成与否的标准。

上述定义主要包括以下几个方面的认识：

第一，教学活动主体指教师、学生两个主体。既包括教的结果，也包括学的结果，教的结果通过学的结果体现，学的结果由教的结果予以保障。

第二，具体教学活动主要指一节课或一单元或一门课程的教学活动。

第三，所要达到的预期结果或标准是指教师教的结果或标准和学生学的结果或标准。这种标准由于主要是对一节课而言（也包括一单元或一门课程），所以应该是明确和具体的，具有可操作性。

2．教学目标与教学目的的关系

在我国的教学理论和教学实践中，1986年之前，只提教学目的而不提教学目标，1986年之后，教学目的和教学目标两个概念并存，在教学理论和教学实践中各有其特定的含义，因此有必要对这两个概念进行辨析。

教学目的有广义和狭义之分。广义的教学目的是对学校教学活动提出的一种概括性的总体要求，指明了各个教育阶段、各科教学发展趋势的总方向，是对教学提出的一种原则性的要求。狭义的教学目的则是教师在制订单元教学计划和课时教学计划时所拟定的教学要求，指出了单元教学和课时教学应当完成的任务。不论是广义的教学目的还是狭义的教学目的，在教学中都体现为教学的任务，体现为教学的总任务或教学的具体任务。

教学目标与广义教学目的这两个概念之间既有共同之处，又有区别。其共同之处在于：它们都是根据教育目的对教学活动提出的要求或作出的规定。概括地讲，教学目标是教育目的经学校培养目标到教学目标的系列性转化后形成的课堂教学中的具体化目标。广义教学目的是国家为整个学校系统制定的，反映了一定社会对受教育者的基本要求，对各级各类学校教育有着总的指导和制约作用，因而具有高度的概括性。在广义教学目的的指导下各级各类学校根据自己学校的任务确定具体的培养目标，这是在学校层面上的教学目的的具体化。但是，培养目标的确定并不标志着这个具体化过程的结束。因为，教学目的只有落实到教学活动中去才能够逐步实现。而教学目标就是教学目的和培养目标在教学层面上的具体化。具体而言，两者之间的区别在于：

第一，教学目的与教学目标是一般与特殊的关系。教学目的对各级各类学校的所有教学活动都具有指导意义，而教学目标只对特定的学科单元或课题教学活动起指导作用，是教学目的的具体化；

第二，教学目的具有方向性，而教学目标则具有达成性。教学目的是就学生要具备的知识、能力、品德和个性的发展提出一种可供把握的方向，而教学目标则将所有的方向性要求具体成为一种确定的、具有操作性的、可供检验的要求；

第三，教学目的具有稳定性，而教学目标则具有灵活性。教学目的是根据一定社会的政治、经济制度和生产力发展水平以及受教育者身心发展的规律而提取出来的，体现着一个时代的教育要求。教学目标则是教师根据某一学科的性质和教学任务、学生学习的能力和具体情况以及教学的实际进展制订的，带有一定程度的自主性和自由度。

狭义的教学目的与教学目标之间也是有区别的。一般在制订单元或课时教学计划时提出的教学目的，往往只是针对教学的具体内容，而对学生的外显性行为没有提出要求或要求缺乏精确性，而教学目标则对教学应当掌握的教学内容和做出的外显性行为都提出了准确的要求。

总之，教学目标与教学目的的关系：教学目的是教学总目标，是整个教学活动的预期结果或标准。二者是一般与特殊的关系，教学目的具有普遍性，是方向，具有稳定性；而教学目标则是对总体教学目的的具体化和落实，具有灵活性和可操作性，更易于实现、更为精确。

3. 教学目标的特点

教学目标是教学活动的出发点和归宿，它支配、调节、控制着整个教学过程，任何学科的教学活动都是围绕着教学目标开展的，因为教学目标具有以下特点：

（1）预期性

教学目标是教师和学生在教学活动中要达到的预期结果，即在教学活动之前预见的教学活动可能促进学生身心方面的变化。它以学生身心发展状况为基础，但又超越其发展现状，是经过努力要达到的要求。正如美国教育心理学家布卢姆所说的："有效的教学始于教师知道希望达到的目标是什么。"教学目标是否明确、具体、科学，对教师教学活动能否取得良好效果有着直接影响。

（2）系统性

教学目标是由若干具体目标组成的系统，每个具体教学目标之间构成一个有机联系的网络。所以要用系统的观点、联系的观点去认识教学目标，在实践各具体教学目标时，应该将其放到整个教学目标系统中来衡量其地位和价值。"教学艺术在于把一个复杂的最终产物分解成按某种顺序达到的组成部分，教授任何事物，便是向着终极目标前进时，一面记住所要达到的最终模型，一面集中力量走好每一步。"

（3）层次性

一个教学目标系统内部的各具体目标并非都处在同一层面上，而是层级分明，连续递增的。低层次的教学目标是较高层次教学目标的分解和具体化，高层次教学目标的实现以低层次的教学目标的实现为基础。各项教学目标的实现必须从易到难、由简到繁地向上发展。教学活动达到了某一目标，便为实现高一级的目标打下了基础，同时也向终极目标迈近了一步。所以超越低层教学目标而直接实现较高层次的教学目标是不现实的，是很难取得理想效果的。

（4）可行性

教学目标要清晰、明确、具体、可行，才便于顺利达成。一般情况下，人们在确定和实现教学目标时，除了考虑目标的价值外，还要考虑目标实现的概率。如果实现的可能性较大，且易于操作，就会努力促成目标的实现，使目标的潜在作用得到最大限度的发挥。否则目标笼统且难度大，实现的可能性小，人们便会望而生畏，知难而退，这样的目标也就失去了应有的价值。所以，正确的教学目标必须具有可行性和现实性。

（5）灵活性

一般来说，教学目标要因不同学校、不同课程、不同班级而不同，由教师根据具体教学实际而编制，其内容和水平可以有一定弹性，留有余地，以便灵活掌握，获得最佳效果。可见，设计教学目标是一种艺术，教学目标的灵活性是由教学目标的复杂性决定的，设计灵活的教学目标也是教师创造性地开展教学活动的体现。具有灵活性的教学目标，对于更好地适应学生的学习特点，使其通过教学目标的实现而获得相应的身心方面的发展，具有不可忽视的重要意义。

（二）教学目标对教学的作用

教学目标不只是教学活动的预期结果，同时也是教学活动的指导者和调节者。确定一个合理的教学目标就会给教学活动以积极影响；不合理的教学目标就会使教学活动遭受挫折。一个合理的、科学的教学目标对教学的积极作用主要表现在以下几方面：

1. 教学目标对教学活动起导向作用

教学目标是教学活动的预期结果，在一定意义上制约着教学设计的方向，对整个教学过程起着指导作用，使教学中的教师和学生的活动有明确的共同指向，从而避免教学活动的随意性和盲目性。教学目标定向作用的发挥是通过影响人的注意力而实现的。有了明确的目标，师生在教学活动中就会把自己的注意力集中到与目标有关的事物上，尽量排除无关刺激的干扰，从而保证教学任务的顺利完成。实践表明，教学活动的效果与教学目标的定向作用有着密切的关系。有人曾经做过这样的实验：把一个班学生分成A、B两组，由教师带领去田间参观。出发前告诉A组同学说：你们注意观察蔬菜、果树的生长情况，而对B组同学无任何要求。回来后，老师让两组学生分别把观察到的蔬菜和果树生长情况写下来。结果：A组同学写得比较详细、具体、生动，B组同学叙述就含混、模糊。这说明目标的定向作用对学生观察的影响，说明了教学目标的定向作用与教学活动效果有十分密切的关系。一般说来，教学目标定向正确，就可以取得正向教学效果；教学目标定向错误，则只能取得负向教学效果。所以，一个优秀的教师总是能在教学起始时就向学生提出明确的、科学的教学目标，并以此来影响学生，取得良好的教学效果。因此，教学目标总是被教育理论家们称之为教学活动的第一要素，确定合理、科学的教学目标被称为是教学设计工作的首要环节。

2. 教学目标对教学活动的主体具有激励作用

教学目标是激发师生教学活动的诱因。在教学开始前，使学生明确具体的教学目标，有利于激发学生学习的积极性和主动性。目标的激励作用与定向作用是密切相连的，但并不是有定向作用就必然有激励作用。例如，对一个不喜欢《果树栽培学》的学生，教师即使提出了学习该门课程的明确目标，他也不一定会积极学习，即使勉强学习，也不会维持长久的热情。这说明教师提出的教学目标虽然起到了定向作用，却未曾起到激励作用。所以要使教学目标起激励作用，就必须与学生的内在需要相一致。只有教学目标符合学生的内在需要时，才能够激发学生的学习动机，引起学生对学习的兴趣，并转化为学生积极参与教学活动的动力。

教学目标能否起激励作用，还取决于目标难易程度是否适当。我国一些优秀教师从自己的教学目标中总结出：教学目标要难度适中，使学生"跳一跳"，才能摘到"桃子"；同时又不能过难，使大劲"跳起来"也摘不到"桃子"是不可取的。只有一个难度适中的教学目标，才能激发学生强烈的学习动机，引起持久的学习积极性，学生才能为实现该目标而做出不懈努力。过易的教学目标只会使学生感到"没劲"，缺乏刺激力，无法引起学生学习的强烈动机和兴趣；而过难的教学目标会使学生望而却步，退缩不前。所以，在教学活动中，要想使教学目标充分发挥激励作用，教师就要不断地研究学生的兴趣、动机、意志、知识和能力水平以及他们的个别差异，以便更好地把握住学生的"最近发展区"。

3. 教学目标对教学活动具有测度作用

教学目标是衡量教学效果的尺度。对教学效果的检测和评价，都是参照教学目标进行的。因为任何教师的教学活动都是紧紧围绕教学目标组织开展的。教学检测就是以既定的教学目标为标准，运用可靠的数据显示教学效果是否达到或在何种程度上达到了既定的教学目标。教学评价则是根据检测结果对教学过程进行全面分析研究，其中一项重要内容就是看教学目标是否发挥了应有的作用。可见，教学目标确定得是否合理、客观，是进行科学检测和正确评价教学活动的基础。如果教学目标确定得不合理，就不可能科学地检测和评价教学活动，就会造成教学检测和评价标准的偏差，其测评的效度、信度、难度和区分度都将失去合理的保障，而以此来衡量评价教与学的结果和水平就容易失误。也就是说，教学目标对教学活动测度作用的发挥，一方面为教学效果的检测和评价提供了尺度，另一方面也为教学目标的确定和设计提供了反馈信息。所以，教师在教学过程中，应注意充分发挥教学目标的测度功能，从而使教学过程得以优化，提高教学质量。

4. 教学目标对教学系统内各要素具有聚合作用

教学目标是教学系统内各要素的联结点和灵魂，对各要素起统帅、支配、聚合和协调的作用，并使各要素都发挥出最佳的效能，构成教学整体。教师的教和学生的学是为了实现教学目标；任何教学内容的确定、教学方法的选择、教学手段的使用以及教学环境调控等都是为实现教学目标服务的。有了教学目标，才使教学活动的各要素可以有机地聚合在一起，构成完整的教学系统，并能有效地运行。否则，就如同古代战争，一支无头领或头领下达指令不明确的军队，士兵就会成一盘散沙，也不可能取得战争胜利一样。没有教学目标，就不存在教学；目标含糊不清，尽管各要素都可能发挥出最大潜能，也难以使教学系统达到整体最优的效果。教学目标聚合作用的发挥，充分体现了教学目标作为教学系统中的"灵魂"要素在教学完整系统中的地位，促进教师和学生在教学过程中自觉地围绕目标，优化教学系统结构，从而不断地提高教学质量。

（三）教学目标的价值取向

职业教育教学的价值虽然在满足个体发展和社会发展的需要方面仍然发挥着重要作用，但在满足职业发展需要方面的作用更加显现。因此，职业教育教学目标的价值取向在于个体发展、社会发展和职业发展的需要。

1. 个体发展的需要

在学生个体发展需要方面，职业教育教学目标的价值具体体现在学生个体发展的方向和水平上。长期以来，在教学目标的研究和使用上，人们一直十分关注学生个体发展的水平，忽视学生个体发展的方向，而学生个体发展的方向往往比学生个体发展的水平更重要。

20世纪80年代，美国著名发展心理学家、哈佛大学教授霍华德加德纳博士在他提出的多元智能理论中指出，人类的智能是多元的而非单一的，主要是由语言智能、数学逻辑智能、空间智能、身体运动智能、音乐智能、人际智能、自我认知智能、自然认知智能八项组成，而每个人都拥有不同的智能优势组合。

（1）语言文字智能

语言文字智能（verbal linguistic intelligence）是指有效地运用口头语言或文字表达自己的思想并理解他人，灵活掌握语音、语义、语法，具备将言语思维、言语表达和欣赏语言深层内涵的能力结合在一起并运用自如的能力。语言文字智能较高的人适合的职业主要有：政治活动家、主持人、律师、演说家、编辑、作家、记者、教师等。

（2）数学逻辑智能

数学逻辑智能（logical/mathematical intelligence）是指有效地计算、测量、推理、归纳、分类，并进行复杂数学运算的能力。这项智能包括对逻辑的方式和关系、陈述和主张、功能及其他相关的抽象概念的敏感性。数学逻辑智能较高的人适合的职业主要有：科学家、会计师、统计学家、工程师、计算机软件研发人员等。

（3）视觉空间智能

视觉空间智能（visual/spatial intelligence）是指准确感知视觉空间及周围一切事物，并且能把所感觉到的形象以图画的形式表现出来的能力。这项智能对色彩、线条、形状、形式、空间关系很敏感。视觉空间智能较高的人适合的职业主要有：室内设计师、建筑师、摄影师、画家、飞行员等。

（4）身体运动智能

身体运动智能（bodily/kines the tic intelligence）是指善于运用整个身体来表达思想和情感、灵巧地运用双手制作或操作物体的能力。这项智能包括特殊的身体技巧，如平衡、协调、敏捷、力量、弹性和速度以及由触觉所引起的能力。身体运动智能较高的人适合的职业主要有：运动员、演员、舞蹈家、外科医生、宝石匠、机械师等。

（5）音乐旋律智能

音乐旋律智能（musical/rhythmic intelligence）是指人能够敏锐地感知音调、旋律、节奏、音色等能力。这项智能对节奏、音调、旋律或音色的敏感性强，与生俱来就拥有音乐的天赋，具有较高的表演、创作及思考音乐的能力。音乐旋律智能较高的人适合的职业主要有：歌唱家、作曲家、指挥家、音乐评论家、调琴师等。

（6）人际关系智能

人际关系智能（interpersonal intelligence）是指能很好地理解别人和与人交往的能力。这项智能善于察觉他人的情绪、情感，体会他人的感觉感受，辨别不同人际关系的暗示以及对这些暗示做出适当反应的能力。人际关系智能较高的人适合的职业主要有：政治家、外交家、领导者、心理咨询师、公关人员、推销人员等。

（7）自我认知智能

自我认知智能（intrapersonal intelligence）是指自我认识和善于自知之明并据此做出适当行为的能力。这项智能能够认识自己的长处和短处，意识到自己的内在爱好、情绪、意向、脾气和自尊，喜欢独立思考的能力。自我认知智能较高的人适合的职业主要有：哲学家、政治家、思想家、心理学家等。

（8）自然认知智能

自然认知智能（naturalist intelligence）是指善于观察自然界中的各种事物，对物体进行辩论和分类的能力。这项智能有着强烈的好奇心和求知欲，有着敏锐的观察能力，能了解各种事物的细微差别。自然认知智能较高的人适合的职业是天文学家、生物学家、地质学家、考古学家、环境设计师等。

多元智能理论为学生个体发展方向的选择提供了科学依据。尽管职业教育是培养技能型人才的教育类型，但是技能型人才的职业发展方向也取决于个体的智能结构。因此，职业教育教学目标体现学生个体发展的需要，就需要依据不同学生不同的优质潜能确定发展方向和发展水平。

2. 社会发展的需求

在社会发展的需要方面，职业教育教学目标的价值不但要体现在学生适应社会发展上，还要体现在承担起推动社会发展责任上。当今社会，政治上民主进程加快、经济上知识经济显露端倪、文化上以人为本、科学技术上空前发展等，都对学生个体的发展提出了较高的要求。

职业教育是与经济社会发展最密切的一种教育类型。以高新技术产业为支柱的知识经济时代的到来，对接受职业教育的学生个体提出了更高的要求。知识经济时代以创新为灵魂，以资产投入无形化、经济发展可持续化、世界经济一体化、价值取向智力化、学习终身化、市场竞争合作化、低碳环保绿色为主要特征，对劳动者的素质、就业方式和职业生涯发展等都提出了新的要求。因此，职业教育教学目标关注社会发展的需要，就需要注重对学生民主意识、创新能力、绿色理念的培养。

（1）经济转型发展的需求

改革开放以来，我国的经济体制逐渐完善，经济的发展需要大批量应用型技术人才，职业教育得到政府的大力支持，总体来说，可以分为三个阶段：第一阶段为规模恢复阶段。这一时期我国工业体系恢复建设，需要大量技能人才参与到国家建设当中。1980年，国务院批准成立了无锡职业大学等13所高等职业学校，1985年又出台了教育体制改革的决定，为未来职业教育的长远发展奠定了基础。第二阶段为改革调整阶段。这一阶段我国经济进一步发展，中国加入世贸组织，职业教育伴随着经济发展的需求也做出相应变革。1993年出台的《中国教育改革与发展纲要》对职业教育教学理念、目标、任务及培养方向、办学体制等各个方面进行了重大调整。之后，1996年颁布的《中华人民共和国职业教育法》进一步完善了职业教育体系，同时标志着我国走向依法执教、规模发展的道路。第三阶段为创新发展阶段。这一阶段我国经济结构转型发展，产业结构转型升级，互联网等信息技术行业高速发展，这些社会变化都需要职业教育做出积极应对。2010年出台的《国家中长期教育改革和发展规划纲要（2010—2020年）》提出现代职业教育体系的发展方向："到2020年形成适应发展方式转变和经济结构调整要求、体现终身教育理念、中等和高等职业教育协调发展的现代职业教育体系，满足经济社会对高素质劳动者和技能型人才的需要。"2014年颁布的《现代职业教育体系建设规划（2014—2020年）》，进一步确立了现代职业教育的建设目标："到2020年，形成适应发展需求、产教深度融合、中职高职衔接、职教普教相互沟通，体现终身教育理念，具有中国特色、世界水平的现代职业教育体系。"

当前，中国的经济发展进入新常态，发展速度由高速增长向中高速增长转变，发展方式由速度型粗放增长向质量效率型集约增长转变，发展动力由要素驱动、投资驱动向创新驱动转变。在转型升级的压力下，对人才的需求给出了一个明确的定义，即当前经济发展需要的是高素质高技能的创新型人才。然而，我国职业教育人才供给能力不能满足经济转型升级的需要，向社会输入的人才以低技能常规型劳动者为主，人才无效供给过剩，职业教育的发展与社会整体发展不相匹配，供需矛盾依然突出。"校企合作""产教融合"等办学模式也呈现出企业动力不足、流于表面形式等问题。因此，职业教育的改革发展直接影响我国经济的发展进程，职业教育现代化是经济转型发展的需求。

（2）产业结构升级的需求

从我国整体国民经济发展来看，过去，我国的产业结构长期处于失衡状态，主要依靠第二产业尤其是建筑业带动经济增长，第三产业供给不足，发展滞后。进入21世纪后，随着我国国际地位的提升和科学技术的进步，第三产业迅速发展和产业机构不断优化升级，供给侧改革取得显著成效，消费已经代替投资成为拉动经济增长的第一驱动力。国家信息中心经济预测部高级经济师祁京梅表示："通过去产能、去库存，淘汰僵尸企业等将优质的资源转移到适合消费升级的产业部门上来，促进产品质量的提升和产业的转型升级。"有专家预测，未来行业中，新能源、人工智能、信息技术、社交媒体、物流、服务等行业将成为我国的新经济支柱。面对产业转型升级的压力，企业的必由之路就是顺应时代积极转型。然而，由于科学技术更新太快，加之部分企业内部本身未做好相应的结构性调整，并非所有的企业都能在产业结构升级的浪潮中转型成功。决定企业能否转型成功的核心因素是技术创新，这就要求职业教育必须能为企业培养具有技术创新能力的人才，因此，职业教育现代化是产业机构升级的需求。

（3）科技高速发展的需求

近年来，我国科学技术事业发展迅速，国际科技地位不断提高。尽管如此，我国的科技水平仍处于世界主要国家的中游水平，与发达国家存在较大差距，其根本原因就是科技创新力不足。表面上来看，职业教育培养的是实用型人才，与科技创新并无直接联系，但科技的发展从来都离不开教育的发展，与职业教育的相互关系可以从以下几方面来看：其一，实用型人才并不等于体力劳动者。"实用型"人才是指：根据学习者自身的发展需求，在某一行业不断学习实践，进而获得的对该行业的发展有实际促进作用的人才。他们在企业中的价值不仅仅只是完成各项工作，而是通过自身的知识技能去推进企业的发展，为企业创造更大的价值，他们具有高素质、高技能、创造力等特征。其二，创新精神的培养并不只存在于学术型高校。"实践出真知"，职业教育更加重视学习者的实践能力，并在实际操作中发现问题解决问题，从而不断获取新的知识技能，而发现问题解决问题的过程其实就是一种创新能力的培养。其三，科技的进步引领着企业对人才的需求形态。科技高速发展直接影响着社会的变革，换言之，也影响着各行各业的变革发展，如"中国制造2025战略"，就是回应科技变革而作出的积极应对，其目的在于提升中国制造业的发展质量和水平。职业教育的目标就是为了输出能给企业带来经济价值、社会价值的专业人才，以达到企业与科技发展相匹配的状态。但我国现行职业教育的整体发展速度落后于科技的发展速度，若不进行相应的改革和调整，久而久之，职业教育的社会偏见将无法改变，从而严重影响我国整个教育形态的良好发展，因此，职业教育现代化是科技高速发展的需求。

（4）人才自我提升的需求

首先，终身教育是现在主流的教育理念，快速的社会发展变化，要求个体通过不断学习提升，以适应时代的发展，从而使得个人能够体现自身价值并获得满足感；其次，互联网的出现改变了传统的学习模式，为个人提供丰富的学习资源、便捷的学习途径，可随意支配的学习时间和地点使得学习变得简单可行；再次，行业之间的竞争需要个人不断学习来促进其核心技能的提升，个体之间的竞争也需要通过不断学习提升实现；最后，个人追求不断向前发展，学习从自身的兴趣出发，具有多元化、多面性的特征，相比于以往的学习者，更加注重自己个性的发展。

目前，高职学生可以升入应用型本科，继而进行应用型硕士、应用型博士的研修。高职教育的断头路得以打通，但中职高职教育的教育质量仍有待进一步提高，有些课程设置甚至已经过时，不利于学生的学习发展。部分学生学习水平低下，连一般企业的基本需求都无法满足，更不用说研修高层次的硕士、博士学习。从整个职业教育的发展水平来看，目前，我国实际上仍然是以中等职业教育为主，职业教育现代化是学习者自我提升的需求。

3．职业发展的需求

在职业发展的需要方面，职业教育教学目标的价值不仅要体现在越来越高的职业特质上，还体现在职业迁移能力上。

长期以来，职业发展存在两大趋势：一是各类职业对其从事者的职业特质要求越来越高。以高技术含量、高附加值、强竞争力为特征的高端制造业，对技能型人才技术特质的要求、以个性化服务为理念，向社会提供高附加值的生产服务和生活服务的现代服务业，对技能型人才服务特质的要求，以及现代文化艺术产业对技能型人才文化艺术特质的要求，都是前所未有的；二是新职业出现和旧职业消失速度在不断加快。职业是社会分工的结果，是人类社会生产和社会生活进步的标志。随着经济和社会的不断发展，科学技术的突飞猛进，职业的数量、种类、结构、要求都在不断地发生着变化。这种职业发展趋势加速了个人职业的变化，对个人的职业迁移能力提出更高的要求。

（1）职业分工及种类的需求

①职业分工不断增加

职业种类的增加不仅表现在有许多新的职业出现，如计算机操作、网络策划、电子商务等信息产业中的新职业；还表现在传统职业的分工由简单到精细，一种职业又被分为若干种职业，如与网络行业有关的就有网站管理、电脑系统分析、软件工程等多种职业。这种职业的专业化，要求就业岗位人员必须接受良好教育、培训，掌握最新技术及发展动态。

②职业种类更新加快

20世纪中期，从事晶体管、半导体生产的人员非常多。现在，从事计算机行业的队伍空前壮大。

③职业内容发生变化

越来越具有智能化的特征，过去用铅版印刷，现在用计算机排版、胶印，使印刷工作发生根本性改变，职业更具智能化。

④职业结构急速调整

随着新技术深入发展，第一、二产业的机械化、自动化程度的不断提高，大量劳动者转移到第三产业，第三产业就业人口比例会不断提高。

⑤职业技能综合化

职业综合化是指职业之间相互重叠、交叉，对从业人员的知识经验、技能、能力的要求越来越全面。由于职业综合化，各种就业岗位更加欢迎那些具备多种技能的人。

（2）社会职业变化的需求

①从需求操作型人才向智能型人才转换

随着科学技术的高度发展，工作岗位的体力劳动成分减少，技术与知识创新成分增加，越来越多的企业其生产第一线的劳动者是智能型劳动者。他们除具有较高的文化素质，还有相当的理论知识和分析能力，有较熟练的动手操作技能，还具备能根据工作进展变化进行分析判断和决策的能力。

②从需求单一型人才向复合型人才转换

随着知识时代的到来，工业生产已具大型化、自动化、系统化和最优化特点。复合型人才已成为当今"宠儿"，在企业中一人多技，便可以一人多岗，使企业的生产经营具有协调性、调整性、连续性，从而提高了工作效率。同时，缩减用工数量，降低人工成本，从而给企业带来更好的经济效益。

③从需求职业型向社会型转换

21世纪，随着社会分工与交叉程度的提高，交叉职业和新兴职业所要求的智能结构，已经大大跨越传统职业所规定的内容。智能结构出现三大跨越：一是跨专业的智能结构，如外语与计算机的应用；二是跨行业的智能结构，如机电一体化等技术手段和工具的交叉；三是跨产业的智能结构，如能源、环保、质量安全、经济、法律等领域的知识。现代社会的发展，使人们随时随地都置于数字化、网络化、智能化的环境中。多种互相结合、相互支撑的岗位结构，将成为具有社会性特征的岗位结构。在此情况下，个人力量越来越小，更多依靠的是集体的智慧。因而，社会对人才的需求由职业型人才向社会型人才转换。作为社会型劳动者，需要具有组织、协调以及人际交往、公共关系、环境意识、法律意识等社会活动能力，善于合作、敢于竞争。随着社会的快速发展，社会型劳动者越来越受到社会、企业的欢迎。

④从需求从业型向创业型转换

从业型向创业型转换，体现了劳动者从被动向主动创业的转变。知识经济时代，客观上要求劳动者有创新意识，体现在职业生活中，就应敢于创造、敢于创业。一些优秀毕业生用生动鲜活的创业实践告诉人们一个真理：自己创造一个小企业，不仅可以解决自己的生存问题，还可以帮助别人就业，不仅为社会创造财富，更实现了自身价值。还可以通过自身的辛勤劳动和智慧赢得社会的尊重，更适应了社会发展的新要求。

二、职业教育教学目标的结构设计与确定方法

职业教育教学目标要承载个体发展、社会发展和职业发展的需要，体现个

体发展、社会发展和职业发展的价值，需要多维指标来变现，必然形成结构化的职业教育教学目标。

（一）职业教育教学目标的结构设计

1．方向性目标的设计

（1）方向性目标的提出

多元智能理论研究，提供了人的智能结构是不同的科学依据，而不同智能结构在一定程度上决定着人们擅长什么职业。对我国接受职业教育的毕业生工作10年以后的发展调查也表明，一般分布在四个职业生涯方向上：一是技能得到充分发展，成为行家里手；二是营销能力得到开发，成为营销人才；三是进行管理层，成为管理人才；四是自己创业，成为企业家。因此，职业教育教学应设定方向性目标。

（2）方向性目标的结构

职业生涯发展的成功从个体分析，取决于个体智能结构与职业生涯发展的匹配。因此，职业教育教学的方向目标是智商、情商、财商、逆境商数、创业商数、创意商数、职业商数、领导影响力商数、机遇商数、成功商数、压力商数、健康商数、完美商数、人际/社会交往商数、学习商数、魅力商数、系统商数、判断商数、精神商数、发展商数、道德商数、胆气商数、心理商数、意志商数、灵感商数等的组合。

2．层次性目标的设计

（1）层次性目标的提出

1989年，职业分析方法被我国职业教育界所认识，并在我国职业教育教学改革中广泛应用，由于增强了职业教育教学目标的针对性，专业教学目标与职业岗位要求接轨，毕业生的职业能力明显增强，我国职业教育教学质量和教学效率明显提高。但30多年的职业教育教学改革，仍没有解决一流技能型人才的培养问题。当职业教育发达国家，运用能力本位的教学目标，辅以优良的师资、较高的投入和企业的配合等，培养出世界一流的技能型人才的时候，我们却在师资质量、资金投入和校企业合作等方面遇到了困难，虽然通过努力，师资和校企合作等问题能得到解决，但作为一个发展中国家，却不可能做到通过大量训练培养出一流的技能型人才。我们需要找出一种代价小，又能培养出一流技能型人才的方法。层次性教学目标的提出，使职业教育教学目标的针对性更强，不但知识、技能、态度、能力目标明确，而且职业要求情感、思维、行为和语言目标也明确起来，将弥补我国职业教育遇到的师资质量、资金投入和校企业合作等方面的不足。

另外，职业教育的教学价值追求一流技能型人才的培养。实际上，任何一类教育的追求都是培养精英。特别是随着现代农业、高端制造业和现代服务业的发展，对技能型人才提出了很高的要求，技能附加值也成数十倍增长。这时，如果职业教育教学目标还停留在学生能干，而不是能干到卓越和怎样才能干到卓越上，就赶不上时代的发展和产业发展的要求。面对激烈的国际竞争和我国经济发展方式的转变、产业结构调整升级要求，职业教育教学目标也需要定位在一流技能型人才的培养上。

（2）层次性目标的结构

职业教育教学的层次性目标，分为三个层次：第一层是知识、技能和态度目标；第二层是职业能力目标；第三层是职业特质目标。

第一层：知识、技能和态度目标

知识是个体通过与其环境相互作用后获得的信息及其组织。知识分为陈述性知识和程序性知识。前者用于说明事物是什么、怎么样、为什么等问题，如描述某种事实，陈述某种观点、信仰等；后者主要回答做什么、怎么做的问题，是一种实践性知识，该类知识也称为操作性知识。因此，知识目标包括陈述性知识目标和程序知识目标。技能是通过学习而形成的合乎法则的活动方式。技能一般可分为两类：操作技能和心智技能。操作技能又叫运动技能或动作技能。因此，技能目标包括操作技能目标和心智技能目标。

态度是通过学习形成的影响个体行为选择的内部准备状态或反应的倾向性。它由认知成分、情感成分和行为成分构成。认知成分是个体对态度指向对象带有评价意义的观念和信念。不同个体的态度中所含认知成分不同，如有的人基于理性思考，有的人则基于情感冲动；有的可能基于正确的信息，有的则可能基于错误的信息。态度的情感成分指伴随态度的认知成分而产生的情绪或情感。态度的行为倾向成分是指个体所表现出来的行为意图，即准备对特定对象做出的某种反应。职业教育中态度的含义更为宽泛一些，除一般意义的态度外，它还包括职业精神（敬业精神、创业精神）、职业信念、职业道德等。

第二层次：职业能力目标

在心理学上，能力常常定义为直接影响活动效率，并使活动顺利完成的个性心理特征，是在知识学习、技能训练、态度养成后，通过完成任务形成的。所以，能力目标是比职业教育教学第一层知识、技能和态度目标更高层次的目标。在职业教育教学实践中，能力是指能够完成一项任务的能力。因此，能力目标一般用一项项完整的任务来描述。

第三层次：职业特质目标

调查发现，在从事不同职业的技能型人才中，那些卓越者之所以卓越，不是因为他知晓什么，也不是能干什么，甚至也不是因为具备了各种职业所要求的共同的职业素质,而更重要的是他们把握了自己所从事职业的职业活动的价值所在,具备了与所从事职业相匹配的、特有的职业素质。这种从事不同职业所特有的职业素质就是特质,是能够将工作中成就卓越与成就一般的人区别开来的深层特征。职业特质表现在职业情感、职业思维、职业行为、职业语言等多个方面。由于职业特质只有通过多次完成职业任务才能形成,也是比职业能力更为稳定的个体心理特征,因此,职业特质目标是在职业能力目标之上形成的,是职业教育教学的最高层次的目标。

(二)职业教育教学目标的确定方法

1. 职业教育教学目标的确定依据

职业教育教学目标存在的依据在于它的核心要素和本质特征。先来看核心要素,周海涛教授认为教学目标确定或设计的依据是:第一,学习者本身的特性;第二,学习者欲达成的目标;第三,社会对学习者的要求。

职业教育教学目标建构的依据还可以从职业教育的本质特征中去寻查:

第一,是定向性。职业教育是就业导向教育,其目标是培养一线从事操作、服务或管理的高技能人才,课程是连接未来就业岗位的桥梁,是对应于特定的职业和职业群的,具有鲜明的定向特点。这与普通教育人才培养目标的非定向性和模糊性有极大差异。

第二,是应用性。职业教育是一种为学生将来职业生涯提供所需知识、技能和经验的教育,要求学以致用,学以谋生。因而,教学目标必然要重视应用性,应紧密围绕典型的职业活动,根据心理认知和技能生成规律,按照工作过程的逻辑展开。这将使课程内容更加实用,更具职业教育特色。

第三,是适应性。职业教育是根据产业需要培养高技能人才的教育,产业需要是不断变化的,如高新技术的发展、产业结构的调整、劳动岗位的复合、职业变动的频繁等。这就要求职业教育课程必须适应这种变化,并能根据这种需要的变化作出及时调整,以适应外在的变化和需要。

第四,是实践性。职业教育不同于以掌握符号知识为目标的普通教育,它是一种定向的从业准备教育,其培养的学生必须能够有效地完成工作任务。对职业教育来说,更多的是关注学生"会了什么",而不是"知道了什么",这里"会做"比"懂得"更重要。

2. 职业教育教学目标确认的逻辑路径

逻辑路径是教学目标确认所要遵循的理性原则和方法,而当下我们教学目标的确认存在不少问题。

首先,是虚与委蛇确认。现行的教学目标一直流于形式,往往用一些空泛的口号来表达，并没有也不准备认真实行，只是应付教学规范管理的要求和检查而已。

其次，是因袭拼凑确认。即喜欢套用其他院校相关专业的教学目标，缺乏自己的认真思考，未与自身的办学实际相结合。

再次，是盲目随意确认。即盲目随意、想当然地任意拼凑一个什么目标，缺乏科学依据和理性逻辑。

最后，是照搬套用确认。喜欢参考借鉴国外的教学目标体系，而又食洋不化，缺乏本土化改造。教学目标的迷失，是导致课程效果不佳、流于虚妄的根本原因。比如我们整天喊"以人为本、全面发展"，但却缺乏真正能保证学生实现全面发展而又行之有效的目标体系支撑，只能陷入无法实现的实践困境，令人尴尬。

要规避上述教学目标确认的路径误区，必须找到正确的方法。我们认为这样的方法不是从理论到理论因袭、套用、改造或修补，而是应该从学生全面发展必须具备的应然的能力结构上去倒推，比如能力、知识、思维、素养等。倒推法是一种由果溯因、结果导向的教学目标确认方法。用这种倒推的方式我们可以得出职业教育致能、致思、致知的"三致"教学目标。比如，我们根据需求倒推社会经济发展需要什么样的人才，明确培养取向，确定专业设置。根据技能人才所需的专业能力、思维能力、知识素养，倒推出培养目标乃至教学目标。根据教育性质确认技能人才能力结构的排序、主次。如知识本位的学科教育排序一定是致知、致思、致能的结构顺序；能力本位的职业教育一定是致能、致思、致知的逻辑顺序。倒推法有助于我们克服教学目标确认的盲从性、随意性、非理性和想当然的弊端，将目标牢固地奠定在科学依据之上。这是我们颠覆旧目标理论的逻辑前提，也是一种归根逐本的本然回归，是我们重构创新必须遵循的根本的逻辑依据和路径。

三、职业教育的教学内容

（一）职业教育教学内容的选择依据

1. 职业教育教学内容选择的范围

人的成长，依靠直接经验和间接经验。直接经验是指亲身参加变革现实的实践而获得的经验；间接经验是从别人，甚至说从人类积累的那些经验里获得的经验。在接受教育期间，人的成长主要依靠间接经验。因此，教学内容的选择，是从人类间接经验中，选择适合于学生学习特征和学生成长需要的经验。因此，从人类教育教学实践分析，教学内容的选择取向主要分为以下七种：道德主义取向、百科全书取向、文艺复演取向、形式训练取向、唯科学取向、经验取向和社会取向。

职业教育是培养技术技能型人才的教育类型，这种类型的人才需要的人类积累的经验是以理论知识体系、技术方法体系和职业活动体系共同存在着。因此，职业教育教学内容应从理论知识体系、技术方法体系和职业活动体系中进行选择。

2. 职业教育教学内容选择的方法

从理论知识体系、技术/方法体系和职业活动体系中选择职业教育教学内容，选择的方法也因不同体系的特点不同而不同。

（1）理论知识体系的选择

对照职业能力目标，分析相关学科理论知识与职业能力目标的关系。选择学科理论知识时，追求的是学生对知识整体框架的把握，不追求学生只掌握某些局部内容，而求其深度和难度；强调这门学科及其各部分理论知识的用途，不强调这门学科及其各部分理论的学术研究。

（2）技术/方法体系的选择

对照职业能力目标，分析相关技术/方法与职业能力目标的关系。选择技术/方法时，注重让学生了解这种技术的产生与演变过程，培养学生的技术创新意识；注重让学生把握这种技术的整体框架，培养学生对新技术的学习能力；注重让学生在技术应用过程中掌握这种技术的操作，培养学生的技术应用能力；注重让学生区别同种用途的其他技术的特点，培养学生职业活动过程中的技术比较与选择能力。

（3）职业活动体系的选择

对照职业能力目标，分析学校和企业可能提供的教学条件，选择典型任务，作为职业教育教学的内容。选择职业活动时，要注重所选择的任务具有典型性和趣味性，并要难易适度。典型性是指所选择的职业活动是学生毕业后从事职业活动时，经常遇到的、具有代表性的活动；趣味性是指符合学生的心理特点、足以引起学生学习的兴趣，使学生不仅好学而且乐学；难易适度是指所选择的职业活动与学生的能力相适应。

（二）职业教育教学内容的组织方式

职业教育教学内容的组织形成课程和课程体系。在职业教育教学内容的组织过程中，首先要通过职业教育教学内容的分类形成一门门课程，构成各个专业的课程体系；其次是每一门课程内部结构的设计和内容的组织。

职业教育教学内容的宏观组织是指职业教育专业课程体系的形成和各类课程间的逻辑关系。

1. 课程间的逻辑关系

职业教育是能力本位的教育，而能力只有通过活动才能形成，职业特质的形成更需要职业活动。所以活动课程在职业教育教学中，承担着能力和职业特质形成的任务。因此，活动课程是专业核心课程。学科课程和技术方法课程开设的目的是让学生掌握学科的理论知识框架和技术方法体系框架，但更重要的是理论知识框架和技术方法体系的用途，但这还不是最终目的。最终目的是为活动课程服务，形成职业能力和职业特质，并使学生成为具有持续发展能力的知识和技术型技能人才。

这里的学科课程、技术方法课程和活动课程的关系与三段式学科教育的课程间的逻辑关系有本质的区别。在三段式学科教育中，（实践）活动课程是为更好地掌握学科课程的理论知识和技术方法课程的技术方法服务的，最终目的是掌握学科理论和技术方法。因此，学科教育的三段式教学是知识本位的，不是能力本位的。

2. 职业教育教学内容微观组织

职业教育教学内容微观组织是指各类课程内部结构的设计和内容的组织。活动课程、学科课程和技术方法课程开设的目的不同、各类课程功能的不同决定了其不同的内部结构设计和内容的组织形式。

（1）活动课程的结构

活动课程开设的目的是职业能力培养，因此，活动课程的功能是构建学生的职业活动逻辑顺序和能力学习的心理逻辑。

①活动课程垂直组织原则

一般垂直组织标准有连续性和顺序性两个标准。连续性是指直线式地陈述主要的课程要素；顺序性是强调每一后继内容以前面的内容为基础，同时又对有关内容加以深入、广泛地展开。这两个标准在职业教育课程的垂直组织上，体现在以下三个方面：

职业活动难易序列。因职业活动完成起来难易程度不同，所以要遵循先易后难的教学原则，职业教育活动课程的垂直组织一般应遵循由易到难的逻辑设计。

职业活动逻辑序列。任何一个职业活动的完成都需要经过一个完整的工作过程，而这个工作过程，从开始到结束都具有程序逻辑序列。职业教育课程应按照职业活动的逻辑序列进行垂直组织。

职业能力形成逻辑序列。根据心理学研究成果，职业能力形成需要由多个环节构成，而每个环节又具有不同特点的较为复杂的过程。

②活动课程水平组织原则

整合是水平组织的标准。整合是针对所选出的各种课程要素，在尊重差异的前提下，找出彼此之间的内在联系，然后整合为有机的整体。职业教育课程水平组织的标准也是整合。它包括：职业活动的整合，即多个职业活动整合成为较大的职业活动，或者叫作多个任务构成项目；心理特征的整合，即由知识、技能和态度整合形成单项职业能力，多个单项职业能力整合形成综合职业能力。

（2）学科课程的结构

学科课程开设的目的是掌握学科的理论知识框架，为活动课程学习、职业能力的形成服务。因此，学科课程的功能是构建学生的学科理论知识逻辑框架，这个逻辑框架是以使用为目的展开的。

①学科课程垂直组织原则

学科发展的时间序列。学科是怎么产生的，发展经历了多少个阶段，每个发展阶段的契机是什么，应做一般性的介绍。由于只需一般性的介绍，因此，一般放在教材的绪论中。

理论知识应用的逻辑。任何学科理论都是因用而出现和发展起来的。从用引出理论知识，不但便于与活动课程的衔接，更重要的是能够引发学生的学习兴趣，形成学习动机。

学科理论结构的逻辑。学科结构具有很强的系统性和逻辑性。学科理论知识的系统性和逻辑性，符合学生一贯的思维方式，可以提高学习效率。

②学科课程水平组织原则

理论知识逻辑的框架。理论知识是分专题的，但不同专题的理论知识只有综合起来才能解决综合问题。因此，在水平组织上，要考虑不同理论知识点的衔接。

理论知识的应用整合。不同理论知识点为完成某项工作任务或项目常常需要整合起来。

（3）技术课程的结构

技术课程开设的目的是掌握技术体系框架，为活动课程学习、职业能力的形成服务。因此，技术课程的功能是构建学生的技术体系框架，这个技术体系逻辑框架是以使用为目的展开的。

①技术课程垂直组织原则

技术发展的时间序列。这种技术是怎么产生的，技术发展经历了多少个阶段，每个发展阶段解决的问题是什么，应做一般性的介绍。由于只需一般性的介绍，因此一般放在教材的绪论中。

技术方法应用的逻辑。任何技术方法都是因用而出现和发展起来的。从技术方的应用引出技术方法，便于与活动课程的衔接和引发学生的学习兴趣，形成学习动机。

②技术课程水平组织原则

技术方法逻辑的框架。技术和方法都是为了解决不同的问题而出现的。若相互间关系不密切，在水平组织上可以并行安排。若需不同技术方法组合解决综合性问题，可以将不同技术方法整合起来。

第二章　职业教育教学资源概述

第一节　职业教育教学资源的内涵与外延

一、职业教育资源的定义

资源分为自然资源和社会资源两大类。前者如阳光、空气、水、土地、森林、草原、动物、矿藏等；后者包括人力资源、信息资源以及经过人劳动创造的各种物质财富。教育事业的健康发展，自然也离不开各种资源的支撑和支持。为使教育活动正常进行而投入的人力、物力和财力资源的总和称之为教育资源。

作为独特教育类型的职业教育，同样也离不开各种资源的支持。尤其是区别于普通教育的实践教学模式更是注定职业教育对设施设备、实践场地具有更大依赖性。特别是在推动产业经济转型升级的新时代，职业教育新理念、人才培养新模式、经济发展新业态、"双师型"教师、课程设置、培养模式等都是职业教育发展的重要影响因素。这些都是职业教育工作者一直都在努力开发建设的重要资源。综上，所谓职业教育资源主要是指促进学习者职业道德养成、职业能力提高、核心素养掌握的有形和无形的各种要素的总和。

从社会层面来说，社会经济政策、企业、校园、经费、校友、其他类型教育，乃至国外职业教育理念、课程、师资等，都是可利用的资源。早在20世纪20年代，黄炎培先生就看到了职业教育资源的广阔性，他认为："只从职业学校做工夫，不能发达职业教育；只从教育界做工夫，不能发达职业教育；只从农、工、商职业界做工夫，不能发达职业教育。"即办职业教育必须沟通与整个教育界和职业界的联系，参与全社会的活动，更多地探寻与职业教育外部环境的适应问题。这种思想在整个工业化和城市化的进程中都有着重要的现实意义。从专业层面来说，生源、教学团队、课程、实训基地、校园网络、图书资料以及专业协作组织等，都是专业建设不可缺少的资源。从教师层面来看，能够调配和利用的主要是教学资源，包括实训实习设备、教材、网络资源、教室、学生等，其中网络资源是当前一个时期内对教学建设有着重要作用的资源。网络课程和素材类教育资源建设是基础，是需要规范的重点和核心。

二、职业教育资源的特点

职业教育资源的构成，有其自身的规律和特点。职业教育资源除了具备社会资源的一般性特点外，还有以下特点：

（一）公益性

职业教育资源的公益性是指公众受益的特性。一方面职业教育活动与企业生产经营活动具有衔接性；另一方面学习者职业道德水平和关键能力的提高，对于整个社会发展都是一笔巨大财富。因此，职业教育整体上是一项面向社会的公益性事业，这是人们对职业教育利益属性和价值特征的基本判断。职业教育资源的公益性决定了职业院校的校舍、实习基地、教学团队主要依靠政府投资，教育目标也是为区域经济社会发展服务。

（二）产业性

职业教育的产业属性主要指职业教育专业课程设置、人才培养质量标准不仅要立足产业经济发展需求，而且要为产业经济发展服务，支撑产业经济转型升级。一方面，职业教育可以直接促进行业、企业的发展，提高经济效益；另一方面，职业教育可以提高学习者的收入水平，改变居民家庭的经济状况。职业教育的产业性是行业、企业参与职业教育办学的立足点，也是制定学费政策以及企业发放实习补贴的基本依据。公益性和产业性是职业教育的两种基本属性。

（三）流动性或开放性

职业教育资源构成因素的多元性和复杂性决定了其本身的不稳定性。职业教育资源流动性主要表现在：教师资源的流动、学生资源的流动和经费资源的流动等方面。特别是在教师资源方面，需要有一支庞大的职业教育教师队伍，他们既是企业的人力资源，也是职业院校的教师资源，这些职业教育教师就像是流动着的"活水"，使职业教育永久地保持活力。一个合格的职业院校校长，一定善于资源整合。

（四）多样性

与其他类型教育相比，职业教育不仅需要师资、实训基地、职业教育课程等不同类型的资源，而且每一种资源类型也是多种多样的。在师资队伍上，既要有高水平的专任教师，还要有企业骨干技术技能人才作为实践指导教师；在实训基地方面，要有校内基地与校外基地、专项基地与多功能基地等；在课程方面，既有学科课程、显性课程和必修课程，又要有活动课程、隐性课程和选修课程。职业教育资源的多样性决定了职业教育办学模式和职业院校管理的高度复杂性。

（五）继承性

和所有的资源积累一样，职业教育资源也不是现代人独有的发明创造，是伴随着职业教育的发展，逐步积淀而成。特别是职业教育思想和职业教育理念，是古今中外职业教育实践经验的总结和许多先行者教育理论思维的结晶。我国目前的职业教育改革，是在积极借鉴国内外职业教育先进经验的基础上，结合我国现有实际及未来发展趋势而进行的不断探索和尝试。职业教育资源的继承多以社会化公共产品为载体，以精神文化成果为体现，最终为实现职业教育自身价值服务。

（六）差异性

职业教育资源的差异性是由于社会经济发展的不平衡性、管理体制和供给方式的差异性、社会对人才需求的信息不对称等原因形成的。职业教育资源的差异性不仅存在于不同区域、不同层次之间，也存在于不同学校、不同专业之间。在某些学校建设第二代校园网、推行校园一卡通的同时，也有一些学校连开展多媒体教学都很困难。职业教育投入的差异、环境及条件的差异、生均职业教育经费的差异、教师收入的差异、师资水平及教学质量的差异等，说到底都是职业教育资源的差异。

三、职业教育资源分类

根据职业教育资源的不同属性特征，可以进行不同的分类：

1. 按形态分类

按照资源的实际存在形式，可以分为人力资源、物质资源、信息资源、文化资源等。人力资源包括教师、学生、管理人员以及校友等，既是资源管理的主体，也是资源管理的客体；物质资源包括校园物质环境、实训基地、教室、图书资料等，是职业教育活动的物质基础；信息资源主要包括教学信息资源和管理信息资源两种，前者包括教材、教案、题库、案例库、多媒体课件等，后者包括管理制度、基础数据、教学计划、调研报告等；文化资源主要是指办学理念、学院精神、校风校貌等。其中人力资源和物质资源是有形资源，信息资源和文化资源主要是无形资源。在信息社会中，信息资源和文化资源的作用越来越重要。

2. 按分布范围分类

按照资源的分布和来源，可以分为内部资源和外部资源。内部资源是学校内部可以随时利用的各种资源，如专任教师、校内实训基地、图书馆、校园网等；外部资源是在校外存在的可供学校选择并有益于职业教育活动的资源，如企业技术人员可担任职业教育教师，工厂可作为校外实训基地。校内资源具有基础和平台的作用，是保证职业教育活动稳定性的前提；校外资源是校内资源的必要的有益的补充，是提升职业院校教育质量的必备条件。随着职业教育改革的发展，目前出现了一些校企共建的新型资源组合方式。

3. 按用途分类

按照资源在职业教育活动中所起的作用，可以分为基础资源、教学资源、实训资源和网络资源等。基础资源是所有职业院校共有的一些资源，如教学行政用房、餐厅、宿舍、道路、水、电、暖、通信等；教学资源主要是指组织理论教学所需要的教师、教材、教室、电教设备等；实训资源是指为了让学生以真实或仿真的工作过程进行实践学习所需要的场地、设备及相应管理制度，通常分为校内实训基地和校外实训基地；网络资源是指通过校园网可利用的各种教学资源和管理资源，可分为自建资源和共享资源两种，其中共享资源的利用是提高办学效益的重要途径。

4. 按时间分类

按照资源开发利用的时间，可分为历史资源、在建资源和未来资源。历史资源是指已被开发利用，经过较长时间积累的资源，如校舍、办学理念、学院精神等；在建资源是指当前正在开发的资源，如师资队伍、课程、教材等；未来资源是指具有潜在作用，尚未被开发的资源，如高等学校的在校研究生可能会成为未来的职业教育师资，中小学在校生可能会成为职业院校未来的学生，各类企业都有可能成为未来的校外实训基地等。随着时间的推移，历史资源、在建资源和未来资源可以相互转化，历史资源可以再度开发，潜在资源可以转化为现实资源。由于职业教育活动的连续性，历史资源、在建资源和未来资源只是一种大致的划分，有时难以精确地进行界定。

第二节　职业教育教学资源的价值与地位

职业教育作为社会生产的前期活动，必然要投入相应的资源。否则，职业教育就无法进行。为了充分发挥职业教育资源的效益，最大限度地避免资源限制和浪费，首先应该正确认识职业教育资源的作用，达到"人尽其才，物尽其用，财尽其效，地尽其利"的目标。从我国职业教育改革与发展的实际情况来看，职业教育资源的作用主要表现在以下几个方面：

一、对人才培养模式改革的基础作用

20世纪80年代，我国的职业技术教育迅猛发展，一批普通中学改办为职业学校，建成了一批职业教育中心，掀起了职业教育的第一次热潮。这一时期的职业教育对于缓解当时职业技术人才青黄不接的矛盾起到了重要作用。但是，由于职业院校刚刚成立，资源不足的问题非常严重。资源不足导致的直接后果是：

（1）专业设置不能对接产业发展需要，重复设置现象非常严重，大量开办文秘、会计、计算机等办学条件要求较为简单的专业。一张课桌、一支粉笔就支撑起了一个专业，相当一批教师是由基础文化课教师改行而来的，办学经费也少得可怜，以至于人们误认为职业院校可以随时开设任何专业。

（2）专业人才培养模式带有基础教育和普通高等教育的痕迹，基础课比重过大，教学内容与培养目标脱节，注重基础能力培养而忽视专业技能，尽管学生也会进行一些支离破碎的技能训练，但无法完成系统化的工作任务。

通过总结正反两方面的经验，人们逐步认识到，职业教育要适应经济社会发展的需要，就必须采用工学结合、校企合作的人才培养模式。所谓工学结合，就是学习的内容是工作，在工作中学习。这样的培养模式要求职业院校配备比实际生产过程更优良、更先进的实习设备和技术水平较高的专业教师。换言之，职业院校需要拥有比企业更多更好的资源。缺少必要的资源条件，工学结合就成了一句空话。当然，工学结合并不是完全在校内完成，通过校企合作，实现生产资源与教育资源的共享，是职业教育资源配置的最佳模式。

二、对学生职业发展的促进作用

职业教育的根本任务是促进学生职业道德的形成和职业能力的发展。学生职业素养的形成，除了必要的教学设备条件之外，还有两个最重要的条件：一是师资；二是文化环境。教师对学生职业人格和职业能力的形成具有直接作用，没有合格的教师，就不可能有合格的学生。具有良好人格和教学能力的教师，可以矫正学生的不良习惯，培养学生的责任意识、创新意识、安全意识和工作能力等，成为学生职业生涯发展历程中的引路航标。而不合格的教师，不仅不能正确地对学生加以引导，还可能阻碍学生的发展。在师资条件满足以后，校园文化环境就成为影响学生职业发展的一种间接因素。譬如，长期生活在桌椅摆放不齐的教室，设备脏乱不堪的车间，学生很难养成整洁有序的习惯。再如，如果教室中悬挂的都是科学家的画像，学生可能就希望升入本科院校继续深造，成就一个科学家的理想，如果公共场合大量悬挂发明家的画像，可能就会引起学生技术创新的兴趣，立志成为企业自主创新所需要的技术技能型人才。一些行业性的职业院校，以职业服装作为校服，在校园中尽可能多地摆放一些行业用品、工具、标志等，这对于学生毕业后迅速融入职业环境具有重要作用。

三、对教师专业化发展的促进作用

教师专业化是指教师在整个职业生涯中，通过专业训练和终身学习，逐步习得教育专业的知识与技能，并在教育专业实践中不断提高自身的从教素质，从而成为教育专业工作者的专业成长过程。它包含双层意义：既指教师个体通过职前培养，从一名新手逐渐成长为具备专业知识、专业技能和专业态度的成熟教师及其可持续的专业发展过程，也指教师职业整体从非专业职业、准专业职业向专业性质职业进步的过程。

首先，教师的成长需要文化传承和制度保障。教师资源是职业院校的第一资源，也是资源开发利用的重点和难点，而教师的成长需要文化熏陶和制度保障，从这种意义上说，有利于师生发展的文化资源是职业院校最重要的资源；其次，规模适度、结构合理的教学团队，既是专业建设的主体，也是教师个体健康成长的良好环境。当团队整体水平较低时，优秀人才的作用将会不同程度地受到削弱；再次，职业院校教师培训需要大量的经费。职业院校不仅需要学生培养的经费，也需要教师培养的经费，在国家职业教育师资培养体系不完备的条件下更是如此。

四、对专业设置与调整的重要作用

由于职业教育与经济发展联系紧密，经济结构、产业结构的调整必然会导致专业结构的调整。在农业经济和手工业经济时代，生产工具和生产工艺几十年不变，职业教育以师徒传授的方式进行，与生产活动同步进行，基本不涉及专业调整的问题。当今职业教育面临的形势则完全不同，目前我国正处于工业化与信息化相融合的阶段，工业化、信息化、城市化、市场化和国际化的潮流势不可挡，国家发展战略也由模仿跟进转向自主创新。职业院校只有适应这种变化，才能发挥出其应有的作用。专业结构的调整通常包括产业需求调研、调整方案设计、资源准备、人才培养方案设计以及招生准备等若干步骤，每个步骤都要耗费一定的资源。充足的教育资源是支撑职业教育专业设置与调整的基础和保障。

五、对社会服务的重要作用

职业院校，特别是高等职业院校，不仅要为经济社会发展提供所需要的技术人才，还要为企业技术进步提供技术研发、技术咨询、技术培训等社会服务。一所优秀的职业院校，应该成为区域内的实用人才培养中心、技术研发中心和技术培训中心。只有这样，才可能实现职业院校与企业的紧密结合，校企合作培养人才的活动才可能持续地进行。相对于人才培养来说，技术服务对人才资源、技术资源、设备资源的要求更高。

首先，技术服务活动因企业技术进步的需要而产生，对教师的创新能力要求更高。我国教师的整体素质缺陷之一就是创新能力不足，职业院校更是如此，但在技术服务领域，缺乏创新能力活动就无法进行；其次，技术服务活动需要花费更多的时间，而且在程序上不如教学活动那样固定，并存在较大风险，难以制定资源消耗计划。在资源相对不足的条件下，学校常常优先配备教学领域之所需，只有在资源充足的条件下，技术服务资源才能得到可靠保证；再次，技术服务活动需要在更大范围上进行资源整合，管理难度更大。职业院校不仅需要配备技术服务所需要的人员，也需要配备与之配套的相应管理人员。

六、对职业教育现代化的促进作用

职业教育现代化的基本特征之一就是信息化。信息技术是21世纪最具冲击力的核心技术之一，已经渗透到人类生活的各个领域。信息技术在职业教育领域的应用，带来的不仅仅是教学手段的改变，而是一场深刻的革命。通过信息技术与教育科学的结合，使职业技术教育中难于用语言描述的生产技术过程能够形象地展示出来，大大提高教学效果。譬如，利用航海信息系统，学生可以在实训室中模拟远洋航行，随时可以显示所到之处的海水深度。但这种教育技术条件，需要巨大的人力、财力、物力的投入，在资源贫乏的条件下是很难想象、很难做到的。

第三章　职业教育教学管理资源的变革

第一节　传统线下教学向线上线下混合式教学转变

一、线上线下混合式教学概述

随着互联网科技的迅速发展，职业教育领域也发生着翻天覆地的变化。在教学模式的改进方向上，"线上教学+线下教学"混合式的教学模式应运而生。在新时代教育背景下，尤其在职业院校扩招、线上培训、校企合作等教学模式发展的巨大变革中，传统的教学模式已经满足不了教学需求，线上线下混合式教学模式更是大势所趋。对此，应通过线上线下混合式教学模式，推动学生综合技能的全面发展，促进职业院校教学质量的提升。

"线上教学+线下教学"的混合式教学模式，就是指人们常说的网络在线教学和传统的课堂教学相结合的一种混合式的教学模式。这种混合式教学模式取长补短，利用线上网络学习平台构建网络教学体系，在网络平台创建课程资源，引导学生实现自主式学习，并且能够使学生的学习在时间空间上更加自由化。与此同时，混合式教学模式还充分保留了传统教学的优点，教师可以根据学生在线上的学习情况，以及课程标准的教学要求对课程知识进行分析讲解，突出教学重点，解决教学难点，使学生能够更好地学习知识，掌握技能。

二、线上线下混合式教学平台的构建

（一）教学平台的选择

教师可以根据自己教学内容及课程需要选择合适的网络在线学习平台。目前，由于在线课程的发展，供选择的网络在线平台也越来越多，并且功能逐渐完善，在线教学资源也越来越多，比如职业教育"云课堂APP"、超星学习通、钉钉、智慧树等网络平台均可供选择。教师可以通过这些线上教学平台建立教学资源，开展在线课程，在课前发布学习任务供大家预习使用，课中可以进行签到、提问、讨论、小组比赛等多种环节，课下可以布置作业任务等。通过以上线上功能，不仅能提高学生的学习兴趣，同时能促进教学质量的提升。

（二）在线资源建设

在确定了教学平台之后，教师可以根据自己的课程属性、课程标准建立在线课程资源。课程资源的建立应该在课程开课前完成，它是线上线下教学的最重要环节之一。教师在线上平台对自己的课程进行设计，可以引用平台已有资源，也可以根据自己的课程需要自己独立建立课程模块，建立课程教学等导学内容。除此之外，教师可根据需求上传教学课件、所需教材以及其他辅助学习的视频、动画、图片等多媒体教学资源，从而提高学生的学习兴趣，培养学生独立自主的学习能力及学习意识，使学生学习专业知识在空间上、时间上更加灵活自由。

三、线上线下混合式教学模式的实践

（一）确立学生主体地位

在线上线下混合式教学模式下，应改变以往以教师为中心的教学模式，将学生转变为课堂的中心。教师应作为学生知识学习的引导者，正确引导学生，培养学生的学习兴趣，激发学生的学习潜能，利用线上线下混合式教学特点，提高教学质量。比如，在课前提前布置学习任务，明确教学重点以及知识难点，并提出引导式问题，学生可以根据教师布置的任务及问题针对性地学习。在课上，教师根据学生在学习过程中出现的问题予以指导，查缺补漏，完善知识内容。在整个过程中注重学生自主学习习惯的培养，并通过分组讨论等形式，充分给予学生互相沟通、探讨等学习的机会，让学生在自我学习、自我发现、自我改正中掌握知识，学习技能。在整个过程中，教师要始终保持一个引导者的角色，留心观察学生的学习情况，对课堂做到整体把握。

（二）合理安排教学环节

在线上线下混合式教学模式下，传统的课堂环节分配已不能满足教学要求，在新的教学模式下，教学环节必须重新进行合理的规划。第一，要给学生充足的学习时间，依靠在线教学平台，建立教学资源，并在每节课前发布学习任务，指出重难知识点，提出引导式问题，从而使学生能够有足够的时间进行线上学习、讨论、思考。进而提升整体的学习效果。第二，基于课前的线上学习，在线下课堂教学中应调整课堂环节，增加学生提问、小组讨论、小组互评等环节所占比例。减少教师为主体的授课环节，注重教师答疑解惑，查缺补漏，巡回指导、教师总结等教学环节。这种课堂环节的改变，充分保证以学生为主体的课堂教学思路，改变教学模式。第三，课后教师将在课堂教学中出现的问题，以及课程内容的重难点上传到学习平台，供给学生自我巩固、自我提升，使学生能够对所学知识掌握更加牢固。此外，教师还可以在线上平台布置作业或者测试题，学生可以在线上完成，自我检测，进而帮助学生加深对知识内容的理解和掌握。与此同时，学生还可以在线上平台对教师及课堂进行评价和反馈，以帮助教师在后面的学习中发挥教学优点，克服存在的不足，全面提升课堂教学效果，促进教学质量的提升。

（三）丰富网络授课资源，提高学生学习兴趣

混合式教学模式相比于传统教学最突出的特点就是添加了网络学习，学生可以充分利用课下时间以及网络课程资源进行学习。因此，丰富网络信息化教学资源，对提高学生的学习兴趣，使学生能够自主地利用时间，利用网络平台进行学习显得尤为重要，也是推动混合式教学模式改革成功的关键步骤。这对教师来说是新的挑战，教师要提高自己的计算机信息技术，引导学生充分使用网络平台，同时创建更加多样化的课程教学资源，充分调动学生学习积极性，促进教学质量的提升。

第二节　职业院校智慧校园建设与职业教育教学

一、职业院校智慧校园建设的现状与不足

（一）职业院校智慧校园建设的现状

职业院校在智慧校园建设过程中，以职业教育的发展需求为根本，以学院实际需求情况为依据，将智慧校园各模块的建设工作进行统筹规划、一体化设计，通过分阶段、分项目稳步推进，取得了阶段性建设成果，主要体现在：

1. 基础设施基本完善。校园内部已基本实现有线为主、无线补充，千兆主干、百兆到桌面的基础网络环境。同时，规范网络架构设计，落实安全管理策略，使全网络具备网络结构优化能力、业务拓展能力、安全渗透防御能力等。此外，校园内部还构建了服务器集群以支持智慧校园的数据平台和各业务子系统，保障了智慧校园各模块的稳定运行。

2. 应用支撑平台基本健全。通过对智慧校园中数字化应用支撑平台的建设，为各个应用支撑系统提供公共的基础性服务，通过整合、集成（包括用户界面集成、身份认证集成和业务数据集成）并管理应用，实现数据共享，消除信息孤岛。

3. 数字化管理应用体系基本涵盖。在数据中心基础上，将内部相对独立分

散的网络应用系统，进行了统一整合，形成统一信息化管理系统，消除校园内部信息孤岛问题，有效实现数据共享，消除对数据的重复管理、数据冗余以及数据不同步的问题。构建了统一身份认证、OA办公自动化系统、网站站群管理系统、校园一卡通平台、教学资源管理平台、网络学习平台、校企合作平台、图书管理系统、教务系统、学工系统、收费系统、就业管理系统、顶岗实习管理系统、毕业设计管理系统、视频会议等智慧校园业务应用系统，完善了智慧校园数字化管理应用体系。

4. 数字化教学应用更加丰富。在智慧校园的基础上，利用现代信息技术、虚拟仿真技术所提供的全新沟通机制和丰富教学资源，以及创建综合考评等优势，建立丰富的数字化教学应用和大量的数字化教学资源，包括理实一体教材、网络课程、试题库、实训仿真软件、专业媒体素材库、资料目录索引库、文献资料库等，使智慧校园中的智慧学习空间更加充实、更加完备。

（二）智慧校园建设存在的不足

智慧校园的建设是一个长期的工程，是一个不断建设、不断完善的工程。职业院校经过几年的建设，取得了一定的成效，但由于种种原因，建设还存在一些问题和不足，建设速度尚不能满足职业教育快速发展对信息化提出的需求，信息化水平与国内先进的高校相比还存在着差距。从应用与管理角度来看，主要包括以下几个方面：

1. 协同办公问题。智慧校园中数据中心的建设，基本解决了数据孤岛的问题；各业务系统的建设，主要解决了业务部门内部业务信息化的问题。但各业务系统仍然相对独立，对于涉及多部门的业务流程，部门间业务流转不顺畅，甚至出现业务环节遗漏状况，因而需进一步梳理各业务环节，面向服务，基于业务流程，进行管理再造、流程重组，建立以大数据平台为基础的智慧办公平台，实现各系统间业务流转。

2. 应用系统健全问题。目前各大职业院校已基本实现办公、教务、学工、收费、迎新、离校等学院核心管理业务的智慧化管理与应用，但仍未覆盖学院管理各个业务层面，数据流转依旧存在瓶颈，急需推进应用系统建设，进一步完善应用体系，为智慧校园中的大数据平台提供完善的数据支撑，以保障数据、数据流的完整性。

3. 移动应用服务问题。当前智慧校园的主要应用是基于PC终端设计和使用的，在移动终端技术飞速发展和无线网络技术日益完善的大环境下，必须考虑日益迫切的移动应用需求，利用移动互联网技术和移动通信技术构建移动应用APP平台，以手机、PDA和平板电脑等小型化移动通信设备为信息载体，实现公共资讯、移动OA、移动学习、移动迎新、移动财务、移动教务、移动就业等，拓展现实校园中的时间和空间维度。

二、职业院校智慧校园的发展趋势与建设内容

（一）智慧校园发展趋势

智慧校园发展趋势为：以智能化传输网络为基础，数据平台为核心，资源整合为重点，以云计算、虚拟化和物联网技术为手段，基于业务流程，建立智能感控网络及智能调度系统，搭建数字化教育资源管理平台、在线学习平台、综合管理服务平台，形成全方位、多层次的学院信息化公共服务体系，建设无边界教学、协同式管理、精细化服务的"绿色智慧校园"，实现无处不在的网络学习、融合创新的网络科研、透明高效的校务治理、丰富多彩的校园文化、方便周到的校园生活。

（二）智慧校园建设内容

根据智慧校园发展趋势，其建设工作将集中在以大数据平台为基础的数据中心建设、以云计算技术为基础的校园私有云平台建设、以3D技术为基础的校园GIS信息系统建设、以移动应用技术为基础的校园APP平台建设、以节能环保为基础的绿色校园建设和以信息化服务技术为基础的智慧学习平台建设等方面，具体如下：

1. 基于大数据平台的数据中心建设。根据职业院校智慧校园建设和发展需求，积极推进信息化数据标准体系建设，制定数据标准，明确数据源，梳理数据流和业务流，利用大数据技术构建大数据平台，为学校业务应用系统提供数据支撑和数据服务。

2. 基于云计算的校园私有云平台建设。搭建校园私有云计算平台，整合校园计算、存储资源，转化资源使用模式，以云计算中心的方式为学校各业务应用系统提供集云主机、云存储、云桌面为一体的基础架构设施以及数据库和中间件的云服务，实现计算、存储资源的集约化管理，提高资源的使用率，提高业务应用系统运行的安全性，降低运行和管理成本。

3. 基于3D技术的校园GIS系统建设。校园GIS地理信息系统是"数字城市"在校园的应用，是在校园展示及管理的一项创新。通过模拟并美化真实校园环境，提升校园形象，并借助网络实时性、便捷性等特点，能够让远方的学子真切地感受到大学校园的美丽。

同时，通过校园GIS地理信息系统的建设，可以将学校的管理应用子系统以

立体、直观的模式进行展示，提升学校校园管理的科学性、精准性和便捷性，让学校每个部件管理都做到细致入微，物尽其用，提高管理效率，节约管理成本。

4. 基于移动应用技术的校园APP平台建设。构建基于移动应用技术的校园APP平台，实现基于移动终端的学习、生活、交友、娱乐、消费等功能，为学校师生提供细致化、便捷化、本地化的校园生活服务指南。

该校园APP平台以"服务于校园文化建设、服务于学生生活服务"为导向，利用物联网、云计算技术，整合校内外资源，将软件应用与校园资源进行整合，打造新型校园移动网络平台，以实用的校园应用服务全校师生，提高学校信息化服务水平和服务能力。

5. 基于节能环保的绿色校园建设。以物联网技术为基础，依托传感器、视频采集器、移动热点等终端设备，运行信息化技术构建中央空调控制系统、校园的能源管理、校园绿化喷淋、给排水系统和公共照明系统等，实现对校园的智能感控，智能节能，构建一个低碳、绿色、环保的校园环境。

6. 基于信息化公共服务的智慧学习平台建设。搭建数字化教育资源管理平台、在线学习平台、综合管理服务平台，形成全方位、多层次的智慧学习平台，形成无处不在的网络学习、融合创新的网络科研、透明高效的校务治理、丰富多彩的校园文化、方便周到的校园生活。

三、智慧教育理论分析及国内外研究现状

（一）智慧与智慧教育

智慧，在我国古代，最早出现在《孟子·公孙丑上》中，"虽有智慧，不如乘势"。在《现代汉语词典》中解释为："智慧是指辨析判断、发明创造的能力。"亚里士多德认为："智慧不是从个别认识得来，而是由普遍认识产生，是有关某些原理与原因的知识。"英语中，smart、wisdom、intelligent三个单词用来表述智慧。

哲学家最早提出智慧教育思想并作了阐述，其出发点和归宿是为了唤醒、发展人类"智慧"。智慧平衡理论出自美国著名心理学家斯腾伯格，他认为，教育应教会学生智慧地思考和解决问题，学会平衡人与人之间、人与环境之间的利益，学会承担社会责任，倡导为智慧而教。

我国著名科学家钱学森先生提出了大成智慧学，大成智慧学认为：培养人才不能受学科的限制，要重视通才的培养，注重高尚道德情操的培养，掌握全面的知识体系，实现人与机器的有机结合，互相弥补不足。学者靖国平认为，智慧教育的内涵是全面、丰富、多元、综合的，它包含三个方面：理性智慧教育、价

值智慧教育和实践智慧教育。教育的根本宗旨是促使受教育者全面地享受自己的智慧，成为具有理性智慧、价值智慧和实践智慧于一体的人。

尹恩德对智慧教育的概念作了界定，他认为：智慧教育是指运用新兴的信息技术，转变教育观念、内容与方法，统筹规划、协调发展教育系统信息化工作，强化服务职能，以应用为核心，构建数字化、网络化、智能化、个性化、国际化的现代教育体系。

（二）智慧教育理论

1. 智慧教育的内涵与特征

智慧教育是由学校、区域或国家提供的教育行为，它具备很高的学习体验、很高的内容适配性和很高的教学效率。它通过利用现代科学技术，为学生、教师和家长提供差异化的支持和按需服务，参与者群体的状态数据和教育教学过程的数据将被全面采集，数据经过集中处理与分析后，将被用来持续改进绩效并孕育卓越的教育。智慧教育通过利用智能化技术构建智能化环境，师生在此环境中灵巧地施展教与学的方法，经过不断探索与实践，使不能完成的任务变为可能，使小的能力变为大的能力，学生在此过程中有利于培养较高的思维品质、良好的价值取向和较强的施为能力。

"以学习者为中心"是智慧教育主要体现的思想，它强调学习的主体是学生，学习的过程充满了平衡和张力，"教育要为学习者的智慧发展服务"是它所揭示的深刻内涵。信息技术是智慧教育主要依托和借助的力量，借助信息技术，具有较强智慧的学习时间与空间环境得以创建，学习者的个人智慧得到了全面、协调和可持续的发展，学习者只有适应、塑造和选择了学习和生活环境后，才能实现对人类的共善。如果从现代教育系统的构成要素来看，我们可以把智慧教育系统划分为现代教育制度、现代教师制度、数字一代学生、智慧学习环境和教学模式五个部分，我们也可以理解为智慧学习环境、新型教学模式和现代教育制度三重境界。

智慧教育主要为了提升现有数字教育系统的智慧化水平，使信息技术与教育主流业务能够深度融合，促进教育利益相关者的智慧养成与可持续发展。

与传统信息化教育相比，智慧教育呈现出不同的教育特征和技术特征。生态学的视角认为，智慧教育是技术推动下的和谐教育信息生态，其核心教育特征可以概括为：现代信息技术与学科教学全面深度融合、开放的按需学习无处不在、无缝整合与共享的全球性教育资源、基于大数据的科学分析与评价、绿色高效的教育管理。技术视角认为，智慧教育是一个集约化的信息系统工程，其核心技术特征为：无缝连接、智能管控、情境感知、按需推送、全向交互等。

2. 智慧学习环境

智慧学习环境以先进的学习、教学、管理理论为指导，以信息技术、学习资源为支撑，全面感知学习情境信息，对学习过程中的历史数据进行科学分析，识别学习者特性和学习情境，帮助学习者进行正确决策，促进其智慧能力发展。

智能学习环境从建构主义学习理论出发，以学习者为中心，由相匹配的设备、技术、教师、学生等构成的一个智能、开放、集成的虚拟现实空间。学习者要将绝大部分心理资源集中于复杂知识技能学习、建构问题与解决、专题项目设计等学习任务，而在机械记忆、事实辨认、自动化加工等方面则减少认知投入。智慧学习环境能够主动感知学习者的学习风格、学习能力和学习任务等信息，将非挑战性任务交由计算机处理，学习者集中精力解决复杂的任务。

在智慧学习环境中，通过设计智慧型学习活动，增强学习者的学习自由度和协作水平，促进学习者个性发展和集体智慧发展，提升学习者的成功期望。

（三）智慧教育的国内研究现状

古往今来有关智慧的解释很多，主要有以下几个方面：第一，将智慧等同于能力、素质等概念的解释；第二，将智慧等同于知识；第三，智慧的广义解释，从概念界定和基本要素两个方面来看广义的智慧界定比以往有关智慧的解释都大。

国内对智慧教育的系统研究较为鲜见。一种较为流行的观点认为，智慧教育是一种帮助人们建立完整智慧体系的教育方式，它能够引导学习者发现智慧，协助其发展智慧，指导其应用智慧，培养其创造智慧。

近年来，国内学者对智慧教育的研究观点有所差异，笔者收集列举了几种观点：

祝智庭教授认为，智慧教育是教育信息化的新境界、新诉求。通过构建智能化学习环境，运用智慧教学方法，促进学习者学习，培养智能高、创造力强的人。

黄荣怀教授认为，智慧教育的五大本质特征是感知、适配、关爱、公平、和谐。教育智慧在智慧学习环境中得以传递，学生智慧在新型教学模式下获得启迪，人类智慧在现代教育制度里得到孕育。智慧教育的三重境界在"智慧"显现度、过程稳定性、涉及范围等方面呈现出明显的层级关系：从环境、模式到制度，"智慧"显现度呈现出从显性到隐性的特征，过程稳定性呈现出从动态到稳定的特征，涉及范围呈现出从微观到宏观的特征。

杨现民教授认为，智慧教育旨在提升现有数字教育系统的智慧化水平，实现信息技术与教育主流业务的深度融合，促进教育利益相关者的智慧养成与可持续发展。

张立新教授认为，以大数据、云计算、物联网等智能信息技术为支撑的智慧教育，以应用为驱动，以服务为重心，以低消耗、高效能的途径实现技术与教育的和谐共生，为学习者提供智能化、个性化的泛在学习空间，促进学生多重智能发展的教育，是教育信息化发展的必然趋势。

四、基于智慧校园的职业教育教学实践研究——以实训翻转课堂为例

（一）翻转课堂教学的概念、特点与内涵

1. 翻转课堂教学的概念与特点

翻转课堂，是指学生运用信息化手段，在课前自主学习教师提供的教学资源，课堂上，在教师的指导下探讨重难点，教师协助学生的探究学习并与学生开展互动交流，针对学生遇到的难题进行答疑。

翻转课堂起源于美国，美国科罗拉多州两名高中化学老师为了解决学生无法及时前来上课的问题，通过录屏软件录制教学视频并上传网络，学生在家看视频听讲解，老师在课上进行答疑。这使"课堂上听讲，课后做作业"的教学模式"翻转"成了"课前听讲，课上作业"。这种新的教学模式就是翻转课堂，这种模式也被很多教师所接受，促进了后来"可汗学院"以及MOOC（慕课）的诞生和发展。"可汗学院"是一个开展在线教育的教学网站，它为教师开展"翻转课堂"教学提供免费的高质量的教学视频。"慕课"使翻转课堂发生了很大的变化，强调"互动与反馈"，倡导建立"在线学习社区"，大大增强了课程实施过程中的交流、互动与反馈。

与传统教学模式相比，翻转课堂突破了教与学的时空限制，学生的主体性更加凸显，其教学流程更新颖，教学手段智慧化，教学评价的方式更为科学。

2. 翻转课堂教学内涵

翻转课堂由教师创建教学视频，学生在家或课外观看视频讲解，记录学习中发现的问题，回到课堂中开展小组合作学习，解决问题，并进行师生、生生间分享学习成果，交流学习心得体会，从而实现教学目标的一种教学形态。它主要以建构主义和掌握学习理论为指导，以现代教育技术为依托，从教学设计到教学视频的录制、网络自学、协作学习、个性化指导、教学评价等方面都是对传统教学的颠覆。

表3-1　翻转课堂与传统课堂的对比

对比内容	翻转课堂	传统课堂
教师角色	学习指导者、促进者	知识传授者、课堂管理者
学生角色	主动学习者、研究者	被动接受者

续表

对比内容	翻转课堂	传统课堂
教学形式	课前学习+课堂探究	课堂讲解+课后作业
课堂内容	问题探究	知识讲解传授
技术应用	自主学习、交流反思、协作讨论工具	内容展示
评价方式	多角度、多方式	传统纸质测试

（二）基于智慧校园的翻转课堂教学环境构建

1. 数字化实训平台

（1）数字化与数字化实训环境

数字化是指利用信息技术，对信息资源进行开发和利用，从而促进信息的交流和知识的共享，社会经济的增长速度和质量得到提高，推动经济社会的发展与转型。

实训基地就是实践教学场所，它融合了实验、实习、现场实践、模拟仿真训练和综合技能训练等，它的功能较多，主要包含教学、科研、产品开发和人才培训。实训基地的建设包括硬件建设和内涵建设，硬件建设主要是指设备设施的配备、布局，内涵建设主要是指管理制度、行为规范、实训文化等方面。在现代信息技术快速发展的背景下，职业院校的实训基地进行数字化建设是必然的趋势。

数字化实训环境建设，是指先进的现代信息技术，将实训基地内可以利用的各类资源加以有效重组和信息化管理，让有限的资源发挥最大的效益，促进实训基地各项工作的建设和发展。在数字化环境建设中，要体现现代职业教育办学理念，结合企业行业对高素质技术技能人才的需求，凸显职业院校自身的办学特色。同时要充分考虑数字化教育的诸多特点，比如教材多媒体化、环境虚拟化、学习自主化、教学个性化等。

（2）数字化实训平台的构建

数字化实训平台具有强大的信息处理、远程交互、顺序控制、监控跟踪和决策处理能力，不仅能实现实践教学流程的再造，也能实现实践教学管理流程的再造。在数字化实训平台综合管理下，班级、教师、学生都可以自由地在平台中申请使用各类实训资源；在实训教学过程中，可以对学习过程进行数据采集和描述，并基于课堂单元和学期单元进行学习过程的大数据挖掘和分析。教师通过这些数据和分析结果，及时进行教学控制和教学反思，从而提高实训教学水平。学生和家长通过这些数据和分析结果，也可以尽快发现学习中的不足，进而提高学习水平。同时，通过数字化实训平台可将学院各信息孤岛进行数据的融合应用，实现信息共享，减少数据冗余，提高数据准确性。

数字化实训平台的构建，可以考虑以下几个功能模块："学生/教师管理""教学资源管理""工具设备管理""耗材管理""工卡编辑制作""工卡实施管理""数据统计分析"等。

建设数字化实训平台必须考虑网络环境条件、教学资源条件和师资队伍条件。

网络环境是平台建设的大动脉，网络的稳定和运行速度关系着数字化实训平台的应用效率。优质的校园网络环境应是高速、可靠、稳定、开放的，有线、无线整合覆盖校园的每个角落，做到校园内的任何角落都无盲区，随时随地访问网络，实现校园技术数据及管理信息的存储、传输、处理和综合利用，实现网内的任何一个节点能及时、充分地分享相关信息。

数字化实训平台建设的实质即通过利用信息技术整合各种教学资源，实现优质教学资源的共享，推进主动学习、协作学习、研究学习和自主学习，促进职业技能和职业素养的养成。因此，专业教学资源的完善是数字化实训平台建设的先导。完整的教学资源应从顶层设计开始，形成满足教师、学习者、企业三方用户需求的结构框架，并划分多级层次。具体而言，包括专业级教学资源、课程级教学资源、素材级教学资源和文献级教学资源。职业院校既是教育信息化的建设者，也是教育信息化的受益者。

一支高素质的教师队伍是数字化实训平台建设的智力支持、人才基础。作为实践教学的组织者与指导者，教师应具备"双师素质"，即具备实践操作能力、技术应用与开发能力和教育教学能力。实践操作能力即履行生产岗位职责的实践能力；技术应用与开发能力即应用理论的研究和高新技术的开发与推广，对生产中存在的技术问题加以解决，将理论研究的成果转化为现实生产力的能力；教育教学能力包括较强的教育教学组织能力、语言文字表达能力，能将自己的知识、技能和技术成功传授给学生。作为信息化建设的参与者，教师还要熟练运用信息化手段进行教学科研，并且不断提升自身信息化能力。

（3）数字化实训平台的应用

数字化实训平台建成后，综合其他信息化资源，实现平台的功能拓展，并应用于教学过程和教学管理中，解决实践教学与管理中的现存问题，提升教学水平与教学质量，更好地培养学生职业技能与职业素养。

①在实训教学实施中的应用

数字化实训平台在实训教学实施中的应用主要体现在实训现场教学、学生自主学习和资源交流共享三个方面。

实训现场教学：实训现场安装有触摸式大屏幕一体机，将数字化平台软件安装在一体机上，方便教师在教学时调取教学资源库中的课件、标准操作视频等资料进行辅助讲解，学生如果对某一操作不熟练，可以随时查看正确的操作步骤和要领，跟步操作、调正，"学中做""做中学"，解决现场操作问题，提高技能操作水平。

学生自主学习：通过教学视频对工作情境做了创设，将课程与车间进行了联结，以微课的形式将重要的知识点和关键的操作方法进行了呈现，学生的学习兴趣不断被激发，对真实企业案例进行分享，学生的职业道德和职业素养得到了强化。学生利用课余时间，登录平台完成有针对性地的拓展学习，进一步巩固知识。无论是课前自学还是课后提升，学生都可以利用网络在线完成，也可下载后随时、随地学习，不再受时间、空间限制。

资源交流共享：学生在学习或实训中遇到问题时，可进入"常见问题解答"板块，若无法解决，则可到教师或学生的平台进行求助，或在公共区域就某一问题发起讨论，借助视频、语音、图片和文字等沟通交流寻求答案。平台提供了实训产品展示区域，每个学生都可以展示自己的实训成果，教师可以进行评价，学生也可以互评。平台具有统计功能，可以分析记录学生参与互动学习的频率，为过程性评价提供依据。

②在实训教学管理中的应用

数字化实训平台在实训教学管理中的应用主要体现在工具设备管理、实训进度监控和实训过程记录。

工具设备管理：工卡库中储存有所有工具、物料的数量和使用信息，根据"刷卡—领料—取料—跟踪记录"的流程，形成电子台账（出入库、借用、归还等信息记录）。平台具备的统计分析功能可定时对库存进行盘点，进行库存月结。通过分析结果，相关人员可以能很快得到相关数据，掌握实训材料的使用和消耗情况，有助于培养学生的规范意识、节约意识和成本意识，减轻了管理员的劳动量和劳动强度。

实训进度监控：教师利用自己的平台功能权限，对学生的实训进程和进度实时监控，查看他们的实训数据，掌握学生实训操作情况，还可以通过平台提供的统计分析功能直观统计学生对教学资源的访问情况，了解学生对知识点的掌握、理解程度，得出学生的学习情况和学习规律。

实训过程记录：各个实训室的监控设备与实训平台已连接成数字化网络，通过多台计算机和液晶显示器组成的监控端，可实现对所有实训现场的实时监控及画面切换，并存储了监控内容。每台实训仪器配备安装一台录像设备，记录实训场景。学生可以通过回放实训实况，一目了然地看到自己所进行过的实训操作，教师能及时提供针对性指导，使学生真正了解自己教学实训的每个环节及教学组织的整个过程，不仅"知其然"，而且"知其所以然"，并能将实训过程中出现的问题和解决问题的方法用影像资料的形式存储起来，形成系列实践教学资源。

③在实训教学评价中的应用

数字化实训平台在实训教学评价中的应用主要体现在操作流程规范、在线闯关测试和实训效果评价等方面。

操作流程规范：数字化工卡是以航空维修工作过程为导向的教学标准和实训操作指南，它具有很强的指导性和可操作性，也是实训教学评价的最重要的依据。它以文字说明和动态演示的形式明确了工作任务、注意事项、工作准备和步骤，学生很快就能明白自己在实训过程中"该做什么""如何做"，规范操作步骤和流程，也对学生的纪律意识和安全意识作了突出强调。

在线测试：平台具有在线测试功能，在线测试分为过程性测试和终结性测试两类。终结性测试题库包含课后小考、对接技能抽查、实训结束后测试、行业知识测试、技能鉴定。学生选取测试类型和内容单元后，系统将从试题库中以随机的方式抽取试题，并认真作答，提交答案后系统将进行自动评判，给出正确答案和最终成绩，帮助学生及时纠正错误，客观评价学生对知识的掌握程度，促进学生自我反思与提高。过程性测试采用闯关模式，借鉴游戏模式丰富教学手段，提升学生学习兴趣，营造严谨氛围，培养学生的职业素养。

实训效果评价：学生完成实训后，将实训结果提交到系统，系统可对学生实训情况作出自动评估，以便教师进行实训评分。教师根据评分做出学习决策，结合建议反馈给学生。学生的个体学习状况将被统计分析，班级的整体学习情况被教师掌握后，教师可以及时修正教学策略，对下一步的实训学习任务作出科学决策。平台自动评出学生成绩，对学生的实训效果进行总体评价，方便操作，结果准确无误。

2. 数字化教学资源

（1）数字化教学资源的建设

传统的教学资源经过数字化处理后，就成为数字化教学资源。对传统教学资源进行数字技术处理，使其可以在多媒体计算机与网络环境下顺利运行，成为软件教学资源。处理数字化、传输网络化、呈现多媒体化是它的基本特征。数字化时代的到来，职业院校借助于先进的网络教学环境和资源管理平台，主动构建丰富的、实用的数字化教学资源，促使教学模式产生数字化，那么，新时期高素质技术技能人才的培养的基础就更加厚实了。以虚拟实训室为例，学生可以通过它进行反复的揣摩和训练，不断提升专业技能水平，同时能够很好地解决职业院校存在的实训场地和设备不足的难题。

职业院校数字化教学资源的建设要从三个方面考虑：一是资源平台建设，主要包括资源制作平台、资源管理平台和资源应用平台，为全体教师和学生通过网络进行学习和教学活动提供强有力的服务保障；二是资源库的建设，包括素材库、课程库、专业资源库、虚拟实训室、专题学习网站等；三是资源标准建设，包括内容要求、管理规范、技术标准、评价标准等。

资源平台的建设一般有三种模式：一是购买已有的平台；二是自主开发；三是与高校、公司等联合开发。例如长沙航空职业技术学院，主要依托世界大学城建设学院资源库，包括基础信息资源、教学资源、数字图书资源、航空科普知识与爱国主义教育资源等内容。

（2）基于大数据的世界大学城空间资源

①概念

世界大学城是一座既虚拟又真实的大学社区平台，是全民终生学习的校园。它依据六度分隔、XML、Ajax等理论，运用Web2.0、Tag、Wiki、Blog等技术，以网络交互远程教育为核心，综合了远程教学、网络办公、即时通信、个性化数字图书馆等功能。它利用云计算技术，为每一个用户提供一个云端账户，这个账户就是学习空间，依托学习空间开展各类教育教学活动，不用增加硬件投入、不用重新开发系统。

②功能

A.机构平台—门户展示功能。汇聚了本校全国所有空间优质资源；管理院校下属的所有老师、学生的空间；整合学校已有应用系统，平台容量不受限制；学校根据自己的特色和需求构建本校的数字图书馆；可作为学校机构门户网站进行管理及展示。

B.汇聚资源功能：强大的资源共建共享系统，使得每个人既是数字化校园的资源贡献者，同时也是资源的分享者，教学资源也就成了名副其实的"人人共建、人人分享"的活资源。

C.服务管理功能："服务大厅"是为师生提供服务的窗口，运用实体化界面设计将原来零散的、单一的服务变为综合服务平台，实现一站式服务。

D.教学应用功能：大学城空间有课堂魔方板块，教师的多媒体备课、上课都可以依托它完成，学生在这个板块里可以完成多媒体课程笔记，有了课堂魔方，师生开展资源收集、加工、组合就非常简单便捷。另外，多媒体课件的展示方式使得课堂更加生动活泼。

E.交流—评论功能：在空间平台上可以实现私信、即时交流、留言、评论、群组讨论等交流。

3．精细化现场管理

（1）基于6S的实践教学现场管理

6S是现代企业的一种现场管理工具，通过规范工作现场，改变人的行为习惯,强化规范和流程运作,提升员工素质,进而提高生产效率,在现代企业中被广泛推行。职业院校引入和实施基于6S的实践教学现场管理,有利于规范现场建设、提升管理水平、营造真实的企业生产情境,对学生适应社会与企业、培养良好职业素养具有重要意义;有助于实现职业院校与企业之间的深度融合,加快院校学生从"学生"到"职业人"的角色转换。

(2)基于6S的实践教学现场管理目标

实训教学现场管理控制目标包括质量控制、进度控制、费用控制和过程控制。

质量控制:实训教学现场质量控制,是指按照培养目标的要求安排教学活动,并对教学过程的各个阶段和环节进行质量控制的过程。教学质量和人才培养质量水平的提高是学校教学管理的中心任务和最终目的。

进度控制:实训现场教学进度的控制包括两个层次,实训课程教学的整体进度的控制和实训课堂现场教学的进度控制。其中实训课堂现场教学的进度控制是实训课程教学的整体进度控制的基本单元,教学进度的控制是保证教学过程质量的基本要素之一。

费用控制:实训现场教学费用控制指以费用作为控制的手段,通过制定实训教学费用总水平指标计划、合理规划材料使用额度、降低操作失误率和设备故障率等手段,达到对实训教学活动实施有效费用控制的目的的一系列管理活动与过程。

过程控制:过程控制是实训教学现场管理的核心。教学现场全过程按时序可分为预先准备、课前准备、课中实施和课后评价四个阶段。实训教学现场管理本质上要求对教学现场全周期、全过程管理控制。

(3)基于6S的实践教学现场管理内容

基于6S的实践教学现场管理内容主要包含人员管理、设备管理和安全管理。

人员管理:人作为现场教学的参与主体,所有的相关活动必须依赖各方人员的参与介入。因此,将现场教学各参与人员作为管理对象是实训教学现场管理的必然要求。

设备管理:应根据设备特点和使用频率制定周期性的检修维护保养制度。所有设备的检修维护保养必须明确指定责任人,制度执行过程中责任人必须签名确认。定期统计设备故障率、完好率、使用率,以及设备报废的登记与上报。设备管理需有专人管理,或者是根据使用需要分包到相应的责任人,还须建立统一管理的台账。

安全管理:安全管理是所有社会活动的最基本管理要求。教学活动,尤其是实训现场教学涉及教学设施设备的电、火、高压气体、机动装置、高空作业、加工设备产生的高速高温飞溅碎片等潜在风险,因此现场教学教师必须充分考虑到实训现场教学的安全管理与风险控制。

（4）基于6S的实践教学现场管理方法

基于6S的实践教学现场管理方法主要有标准化管理、定置管理、看板管理和目视管理。

标准化管理：所谓标准化，就是将现场教学全过程中的各种规范，形成文字化的材料，并经过审定发布后即称为标准（或称标准作业指导书）。制定标准，并按照标准付诸实施的过程称为标准化管理。

定置管理：定置管理是为了使生产现场中的人、物、场所达到最佳结合状态，对三者之间的关系进行科学分析和研究的一门管理方法。它通过对生产现场的整理、整顿，把生产中不需要的物品清除掉，把需要的物品放在规定位置上，使各生产要素有机结合。

看板管理：看板管理是对数据、信息等的状况一目了然地表现，它是发现问题、解决问题非常有效且直观的手段，是管理可视化的一种表现形式。其主要针对管理项目，尤其是情报进行的透明化管理活动。

目视管理：目视管理是指为了提高劳动生产率而利用形象直观又色彩适宜的各种视觉感知信息来组织现场生产活动的一种管理手段。这是一种通过合理利用视觉来进行科学管理的方法。

实践教学现场管理星级评价的标准和细则在成型后，并不是一成不变的，而是跟随客观需求的改变和发展，在实施过程中全员参与对它的持续改进和不断完善。它实现了实践教学现场管理的标准化、制度化、规范化，告别了以往的粗放式、自由式的管理体制。

（三）基于智慧校园的翻转课堂教学模式设计

1. 课前活动设计

教师活动：首先，要分析教学目标，确定哪些内容适合通过视频的方式讲授给学生，哪些内容适合课堂上讲解。其次，制作教学视频，可以由教师自己录制，也可使用其他教师制作的或者网络上优秀的视频资源。再次，做好视频的剪辑，及时改正视频制作中的错误。最后，做好视频发布，通过发布到专门的平台上，让学生及时看到。

学生活动：首先，学生观看教学视频，掌握视频中讲授的知识，并做好笔记，对视频中所讲授的知识做好梳理和总结，明确自己的收获和疑虑，把疑问带到课堂中。其次，学生观看完教学视频后需要完成教师布置的针对性课堂练习。

2. 课中教学活动设计

教师需要针对学生所观看视频的情况以及网络交流平台所反映的问题进行

答疑。学生也可以根据观看教学视频内容提出自己的疑惑点,在课堂上与教师或同学共同探讨。

翻转课堂重视个性化学习环境的创建,课堂上,学生在教师的组织下独立完成,或者独立开展科学实验。刚开始时,教师给予学生一定的指导,协助学生完成任务。待学生能够独立解决问题的时候,教师要"放手",把自主权交给学生,逐渐让学生在独立学习中建构自己的知识体系。

在翻转课堂里,学生分成小组,经过独立探索阶段的学习,掌握了一定的知识,与同伴交流对所学知识的理解。教师不是课堂里的看客,而是要走下讲台,走进学生的交流与探讨中。当学生在讨论中遇到困难时,教师应当及时给予指导,引导学生纠正对知识的错误认知,真正把学生推到学习的主体地位。学生可以通过报告、展示、辩论或者比赛等多种形式交流学习心得与体会。

与传统课堂教学相比,在翻转课堂教学中,教师从知识传授者转变成了学习的促进者和指导者。学生成为学习过程的中心,他们在实际的参与活动中,通过完成真实的任务来建构知识。教师通过对教学活动的设计来促进学生的成长和发展。翻转课堂是有活力的并且是需要学生高度参与的课堂。在技术支持下的协作学习环境中,学生需要根据学习内容反复地与同学、教师进行交互,以扩展和创造深度的知识。

(四)基于智慧校园的翻转课堂教学模式构建及教学策略

翻转课堂教学模式的构建主要包括课前和课中两个阶段。

1. 课前阶段

课前阶段主要是指教师课前制作教学视频,并组织学生自主学习的阶段。教师将制作好的教学视频上传到教学平台共享,学生下载教学资源包进行自主学习。这一阶段需要完成以下任务:

(1)教师要制作高质量的教学资源包,教学资源包包括教学计划、教学内容、学习任务单等。

(2)学生及时下载教学资源包,根据学习任务单的要求进行自主学习,认真解答老师的提问,及时记录学习过程中遇到的重难点问题。

(3)师生依托教学平台开展互动交流,针对学习中遇到的问题展开交流讨论,对于不能解决的问题,可以带到课堂进一步研究。

2. 课中阶段

课中阶段主要是指学生知识内化的过程,学生利用信息化手段进行个性化学习和协作学习,自行解决难题,遇到无法解答的或者理解有偏差的问题可以小组协作解答。教师则是课堂的组织者、协作者,扮演答疑解惑、课堂归纳总结的角色，将课堂的主动权交给了学生，对于学生无法解答的难题予以解答。这一阶段主要包括以下几点：

（1）学生在教师的指导下进行分组。

（2）学生开展协作学习，在课堂做作业或做实验，小组成员对发现的问题展开交流探讨，共同解决问题，完成任务。

（3）对于学生在作业或实验过程中无法解决的难题，教师及时进行解答。

（4）教师运用现代化手段对学生学习成果进行考核。

（5）小组开展交流，展示学习成果。

（6）教师对学生学习情况进行总结，并根据考核结果给予点评。

表3-2 翻转课堂教学模式教学程序

教学阶段	教师活动	学生活动	信息技术应用
课前阶段	教师制作高质量的教学资源包，督促学生自主学习，组织交流讨论	下载资源包，根据学习任务单开展自主学习，解答问题，记录问题，参与交流讨论	为教学提供多媒体、网络等方面的设备和软件，用于内容讲解工具、实验演示工具，使教学环境、教学设计和内容展示信息化
课中阶段	组织教学活动，营造良好氛围，鼓励、引导学生提出疑问，引导学生开展讨论与探究，管理与调控教学进程，组织评论交流，开展总结评价	在教师的引导下开展协作学习，进行独立探究，提出问题展开讨论，积极寻求答案，主动建构知识体系。反思学与做的过程，总结所学技能与知识，汇报展示学习作品，了解迁移与拓展方向	信息技术可用作讨论交流工具、资料查找工具、数据处理工具、分析工具、过程记录工具、成果整理工具、汇报展示工具、交流点评工具等

3．教学策略

（1）学的策略

学生要在一个安静的环境里观看视频，学生自身要有较好的自制力和自控力，遇到问题要及时做好笔记，记录下自己感兴趣的问题。翻转课堂教学模式注重学生独立探究精神的培育，除了关注教学效果以外，更重视学生获得知识的过程。教学过程中，学生不能再依赖教师的讲解，而应该培养学习的主动性，教师从讲授者变为引导者、协助者。学生在快乐中收获知识，体验到学习带给自己的成就感，学生越发对探究未知领域产生浓厚的兴趣。翻转课堂教学注重学生的合作学习，学生通过分组共同完成任务。在课堂上，教师走进学生的学习活动中，及时引导学生解决困难，参与问题的探讨。学生在团结、合作的氛围中不断提升自己各方面的能力，在教师的逐步引导下，学生对知识的认识更加深化，自我建构的知识体系更为完善。

（2）教的策略

教师需要制作高质量的教学视频，首先要保持教学视频短小，其次使自己的声音有活力、生动。观看教学视频时，教师要鼓励学生集中精力，排除干扰，教会学生做笔记的技巧，要求学生提出感兴趣的问题。在课堂教学中，教师对教学活动的组织很重要，教师通过不同的教学活动让学生完成知识的建构。教师除了要组织不同的教学活动，还要具备一定的课堂引导力，营造轻松愉悦氛围的能力，鼓励学生提出自己的疑问。翻转课堂是以学生的学习为主的课堂，教师是学生学习的协助者和引路人，教师要尽力做到让学生顺着自己"导"的方向开展学习。因此对教师的综合素质是有要求的，教师必须具备稳固的知识储备和较强的课堂管理能力，使课堂时间得到高效的利用，让学生在课堂中得到真正的提升。

第三节　引领职业教育移动信息化系统建设的新方向

一、现代职业教育教学信息化的现状

（一）教育信息化应用水平较低

虽然信息技术在现代职业教育教学中得到有效应用，但是应用特色不明显，有的直接照搬普通教育应用模式；应用过程僵化，学生很容易出现感官疲劳；应用模式单一，难以根据对象的不同做出变化和调整；应用方法简单，致使信息技术在引导学生研究学习、探究学习、激发学生学习积极性等各个方面的作用没有发挥出来。

（二）教育信息化基础薄弱

一直以来，职业学校在工作中将主要精力放在学生的就业和招生上，加上学校、行业主管部门、政府也忽视了对教师信息素养的培养。所以，就目前整体情况来看，职业教师信息素养和综合素质普遍较低，真正将信息技术与专业课程教学融合起来的比较少。加上很多教师本身信息意识淡薄、学习能力不强，所以在教学实践很难有效运用信息技术，这让教育信息化发展受到一定的限制。

（三）信息化资源建设欠缺

虽然信息技术在教育领域中的普及范围越来越广，基本上连农村也全面覆盖。但是由于教育信息化起步较晚，所以虽然横向上已经取得卓越成就，但是纵向上仍然存在很多问题。具体而言，虽然目前职业学校基本上都被信息化覆盖，

但是大多数学校只止步于网站建设,可供教师教学和学生学习的网络资源基本上以文字、图片为主,视频资源、学科课件、网络课程等仍然比较少。众所周知,教育信息化的发展既要有硬件资源作基础,也要有软件资源作支撑,这是亟待解决的问题之一。

二、现代职业教育教学信息化的实践

(一) 5G应用对教育信息化的促进

2019年以来,5G网络逐步推广应用于各个领域,与各个领域进行快速的融合和交叉,教育便是其中最重要的方向之一。国家提出:加强5G应用场景探索,适应学习方式多样化需求;加强5G测试环境建设,切实服务教育教学过程;加强5G集成技术研发,携手VR/AR和AI等共建智能教育环境;加强5G基础设施部署,助力高质量建设宽带网络校校通;加快5G公共平台构建,助力创新智慧教育示范区域服务业态等五个方面的发展建议。在此机遇下,给职业教育信息化发展带来了很大的促进作用。

(二) 提升教育信息化应用水平

现代职业学校要想实现教育信息化发展,可以从以下几点着手:第一,通过网络平台实现远程职业教育。除了学校教育以外,职业教育包括很多的远程学习者,这需要将网络平台便利性充分利用起来,给在职学习者输送优质资源,为其提供实现自我成长和发展的机会。第二,借助信息技术优化课堂教学。职业学校招生规模大,在教学中适当地应用信息技术,可以通过虚拟实验、情景教学的技术激发学生互相讨论、主动探索、积极思考,以调动学生课堂参与积极性,达到优化教学效果的目的。第三,借助网络资源提供自主学习者更多学习机会。在职业教育中,很多学生想利用业余时间多学习一些知识,还有很多即将毕业的学生需要掌握相应的技术实现创业和就业。

(三) 加强信息化基础设施建设

由于教学基础设施建设投入程度跟不上职业教育招生规模扩大速度,以及职业教育发展速度,导致当前职业教育信息化存在基础设施不配套、陈旧、零散等问题。因此,应当针对职业教育信息化设施建设力度进一步加大,这就需要立足实际,进行科学、系统地规划,并且要充分考虑到职业教育信息化未来的维护、兼容、升级、扩展等问题,根据职业特点、专业特色和实际需求,构建与专业要求相符合的平台以及硬件设施。

(四) 加大信息化资源建设力度

从某种程度上说，教育信息化实际上是一个过程，其中，基础是网络，核心是资源。如果缺少信息化资源，教育信息化永远无法实现。所以，为了推动现代职业教育信息化发展，必须加大信息化资源建设力度：第一，基于学科实践性和专业性开发教育资源。不同的职业特点、职业领域不尽相同，所以在资源开发上要给予学科实践性和专业性开发视音频资源、网络课程、多媒体课件、网络资源等，将专业特长重点凸显出来，起到提高学习效果、有效辅导教学的作用。第二，建立由学科教师、技术人员、专家组成的资源开发团队，有效结合实践与理论、任务和需求分析，从而组建高水准工作组。第三，建立完善的资源服务机制，确保信息化资源被开发出来并且得到有效运用。

第四章　职业教育教学的教材资源建设

第一节　"三教"改革下教材建设的新方向

一、以教学标准引领教材建设

教材作为教学内容的主要载体和教学模式的重要支撑，是教学改革精神的具体落实和现实呈现，其离不开教学改革的宏观背景。以职业教育教材为例，回顾教育部自2000年以来组织的几轮大规模国家规划教材建设工作，均以同一时期中等职业学校专业目录、专业教学标准（或教学指导方案）、课程标准（或教学大纲）等为指导和依据。"十五"前，在"以全面素质为基础，以能力为本位"的教学指导思想下，制订了《中等职业学校专业目录》（2000年颁布，270个专业）、82个中等职业学校重点建设专业教学指导方案和中职4门德育课、7门文化基础课、16门专业技术基础课教学大纲，配套建设了中等职业教育国家规划教材，是中等职业教育领域首次组织的国家级教材规划。"十一五""十二五"期间，遵循"以服务为宗旨，以就业为导向"的办学方向，贯彻"五个对接"，制订了《中等职业学校专业目录》（2010年颁布，321个专业）、230个中等职业学校专业教学标准和中职5门德育课、7门文化基础课、9门大类专业基础课教学大纲，配套建设了中等职业教育课程改革国家规划新教材和"十二五"职业教育国家规划教材，教材规模、品种大为丰富，职业教育特色更加鲜明。2019年，在2010年版《中等职业学校专业目录》基础上，教育部颁布了新增补的46个专业，并启动新增专业教学标准的制订工作；在教育部及国家教材委员会的统一领导和部署下，中职思政课、语文、历史及其他7门公共基础课课程标准的制订工作稳步推进；教育部下发《关于组织开展"十三五"职业教育国家规划教材建设工作的通知》，加快推进教材建设。相较前两轮的职业教育教材建设，更加注重贯彻立德树人的新时代教育根本任务，关注学生的核心素养、全面发展，突出类型教育特色和信息技术的应用。

《国家职业教育改革实施方案》进一步明确了教学标准在整个教学工作中的重要地位，指出"完善教育教学相关标准""发挥标准在职业教育质量提升中的基础性作用"。以专业目录、专业教学标准、课程标准为核心的职业教育国家教学标准体系，作为贯彻落实党和国家教育方针的具体教学规范，是专业与课程设置、教学内容与教学实施的主要依据。教材不同于一般的科普读物或学术专著，有很强的教学规定性，其内容的深度、广度必须遵循教学标准，通过基于教学标准的再创作，将标准中对人才培养目标的定位和相对宏观的教学内容、教学要求，具体、形象、直观地表达出来，并对教学实施起到支撑作用。

二、贯彻立德树人，落实课程思政

教材是解决"培养什么人、怎样培养人、为谁培养人"这一根本问题的重要载体，是国家意志在教育领域的直接体现，关系到教育的意识形态导向和人才培养质量。要全面推动习近平新时代中国特色社会主义思想进教材，弘扬以爱国主义为核心的民族精神和以改革创新为核心的时代精神，培育社会主义核心价值观，加强中华优秀传统文化、革命文化和社会主义先进文化教育，培育职业道德、职业素养，弘扬劳动精神、劳模精神和工匠精神等。这些思想政治教育内容应融入各环节、贯穿教育教学全过程。思政课作为思政教育的关键课程与意识形态很强的语文、历史课程，将由国家统一组织制订相应的课程标准并统一编写教材；其他公共课和专业课要与思政课同向同行，渗透思政教育内容，发挥课程的思政作用，形成协同育人效应。

将思想政治教育元素与学科专业内容有机融合，既是课程思政的关键点也是难点所在。在教材开发中，编者首先要树立起课程思政的意识，改变思政教育只是思政课的任务，与专业课没有关系的狭隘观点；其次，在组织教材编写框架时，不仅关注知识、能力体系，还要主动梳理出本课程所蕴含的思想政治教育元素，进而形成本课程思政教育的脉络；最后，在教材主体内容、阅读材料、习题等各环节编写时，要将遴选出的与本课程相关的思政教育元素融入其中，形成知识、能力、课程思政于一体的内容体系。例如，在《电工技术基础与技能》中，着重以电工技术中的新产品、新技术、新应用为载体融入课程思政。教材结合有关知识点，介绍了天宫二号空间实验室和嫦娥四号探测器上采用的光电池、动车组用永磁电机、特高压输电工程等。又如，在《土木工程力学基础》中，结合"超静定结构连续梁"这一知识点，以"工程实例"的形式，介绍了港珠澳大桥这一创造了400多项专利的"世界建筑史上里程最长、施工难度最大的跨海大桥"。通过这些先进工程的实际案例，既体现了专业基础知识的应用性、时代性，也反映了我国具有国际领先水平的技术成果和伟大建设成就，既能增强学生的自豪感、荣誉感，同时融入了爱国主义教育。教材中还应融入具有行业、岗位特点的职业道德、职业素养等内容。如工科类专业强调的安全生产、节能环保、规范操作；服务业类专业强调的人文关怀、沟通能力、服务意识等职业素养。

课程思政既要从大处着眼，更要从小处着手，关键是要避免生搬硬套、空洞说教，多采用数据、案例的形式，通过摆事实、讲道理，以润物无声的方式达到立德树人的目的。

三、体现类型教育，突出职业教育特色

《国家职业教育改革实施方案》既肯定了职业教育的重要地位，也明确了职业教育是有别于普通教育的一种不同类型的教育，因此职业教育教材也应当采用和普通教育教材不同的编写模式，在内容、体例等现方面突出鲜明的职业教育特色。

职业教育教材在内容上应打破学科体系、知识本位的束缚，加强与生产生活的联系，突出应用性与实践性。

一是要对接职业标准、行业标准和岗位规范，体现新技术、新工艺、新规范，关注技术发展带来的学习内容与方式的变化。例如，电子技术的学习从以分立元件电路为主，转到以集成电路为主；从以内部电路原理分析为主，转到以电路外部特性和芯片应用为主。

二是要根据教育层次和培养目标来遴选、组织教材内容，并采用适宜的表达方法，避免中职、高职院校教材成为本科教材层层简单做减法的"压缩饼干"。这不仅体现在知识点的取舍上，即使是同一个知识点，在不同教育层次中也应有不同的教学要求与表达方式。以本科和中职电工教材针对电容元件的讲解为例，本科教材以高等数学为工具，通过微积分公式推导，得出电容元件电压、电流的定量关系，具有很强的逻辑性，推导过程严密，注重培养学生的抽象思维能力。而中职毕业生主要从事生产一线的操作性、技能性工作，对逻辑分析和计算能力要求相对较低，中职教材对电容特性的介绍，可用演示实验代替微积分的理论推导，通过直观、形象地观察电容电路中灯光的明亮变化及电压表、电流表数据的变化，从而定性理解电容充放电过程及电压、电流关系。与此同时，中职教材对电容的介绍，又不应仅仅局限于抽象的理想元件，可从生产生活中电容的实际应用引入，并强调元器件的识别、检测和应用，突出应用性和实践性。

三是要处理好当前岗位需求与学生可持续发展的关系，既要革除片面追求理论体系完整，内容偏深、偏难的弊病，也不能只教技能不讲知识、只会动手不会思维。教材可通过由定量计算转为定性分析，由推导工作原理到阐述、演示工作过程等方式，一方面降低抽象思维、理论学习的难度，另一方面仍使学生掌握

必要的工作过程与应用原理，培养学生分析问题、解决问题的能力。

教材的体例结构应遵循培养规律，与课程属性和教学方式相适应。近年来，职业教育教材在体例结构的改革上有了明显进步，较多地考虑了对教学模式的支撑。对于文化课、一些经典的专业基础课，不宜大破大立，学科式的教材结构仍有其必然性与合理性，不能全盘否定，可对传统教材的章节体例进行适当改造，如通过增加活动、案例、实验实训等与应用性、实践性教学相配合的栏目、模块，从以教师讲述为主，向以学生为中心的教学方式转变。为适应项目教学、案例教学、情境教学、模块化教学等教学方式，近年来涌现出了一大批以项目、任务、活动、案例等为载体的教材，充分体现"做中学，做中教"的职业教育特色，有力地支持了教学模式的改革。经过几年的实践，这类教材的体例结构已经比较成熟，难点在于如何设计具有启发性、综合性的项目，如何通过选取典型工作任务，并与学科知识进行有机整合，将其转化为符合教学目标的学习任务，使之既有利于教、学、做一体化教学活动的实施，又防止由于知识组合、序列上的变化而导致的科学性、适用性问题。教材编写中还要注意任务设置的循序渐进、由易到难，内容编排零散、连续性差，将扰乱教材的内容主线，不利于学生的认知与接受。

在呈现形式上，注意学生的学习规律和学习心理，改变单一文字叙述的枯燥、刻板，以简洁、生动的语言，丰富、形象的图表，提升学生的阅读兴趣与学习体验。在传统线条图的基础上，可以增加实物照片、注释图、模拟图等多种形式，用以图示意的方式代替大段的文字叙述。教材中还可设计便于学生参与体验的作业单、工作单等，对于一些随产业、技术变化较快和更适宜采用工学结合方式的专业课程，活页式、工作手册式教材在内容更新和使用便捷上都更具优势。

四、"互联网+"背景下的教材发展

随着信息技术特别是互联网的快速发展，教育信息化成为推动教育教学变革的重要力量。从最初居于配套、辅助地位的多媒体课件、数字化资源库，发展为如今基于"互联网+"的数字课程，推进翻转课堂、混合式教学等信息化教学模式的广泛应用，不仅丰富了教学内容，更促进了以课堂为中心的传统教学模式的变革。

纸质教材特别是一些经典教材，内容成熟、结构完整、表达严谨规范，作为教学质量的基本保障，在现行教学条件下仍具有不可替代性。但纸质教材也存在内容更新慢、结构单一、呈现方式枯燥乏味等问题。对这类教材，可通过配套

数字化教学资源将其升级为新形态教材。以高等教育出版社为例，典型的建设方式是"纸质教材+二维码平台+Abook资源平台"，形成"一书一网站"线上资源与线下教材密切配合的新形态一体化教材体系。针对教材中用文字描述比较抽象的知识点、技能点，添加可直接扫描获取的二维码资源，以短小、精练的视频、音频、动画等碎片化资源为主，着重解决教材中难以理解的抽象概念、不易展示的工作过程等，使用便捷，阅读体验好。Abook在线资源平台则以教材内容为主要依据，围绕教学各环节提供系列化数字资源，可通过教材所附学习卡登录网站下载。例如，根据教师在备课、授课、实训、考核等各环节的需求，提供教学设计、演示文稿、教学课件、习题库、学业测评等教学资源；根据学生在预习、学习、实训、作业、复习等环节的需求，提供网络课程、模拟仿真实训软件、自测练习等教学资源。

新形态教材的开发，重点是加强纸质教材与配套数字化资源之间的关联性，增强教学适用性。要转变过去纸质教材与数字化资源孤立、分散开发的模式，树立起一体化教学设计理念，以课程为核心，从教学实施的教、学、做各环节入手，对内容与呈现形式统筹考虑，采用不同的技术手段开发适合不同应用场景的数字化教学资源。

以在线开放课程为代表的数字课程，与新形态教材配合，适应翻转课堂、混合式教学等信息化教学模式，满足"互联网+职业教育"的新需求。高等教育出版社自2015年在国家在线开放课程平台"爱课程"网上开通中国职业教育MOOC频道以来，建设了多门与教材紧密结合、具有鲜明职业教育特色的在线开放课程。在线开放课程教学过程完整，集授课短视频、在线作业、交互式讨论和考试、评价等于一体，既发挥了教师的引导作用，也兼顾了学生的自主学习，不仅突破了传统课堂的束缚，而且使原有的碎片化、静态和线下的数字资源体系，转变为系统性的、动态的和线上的数字课程体系。基于教材建设相应的在线开放课程，可以有效解决教材容量与课时有限的矛盾，并及时更新教学内容。同时，通过在线开放课程的交互性教学环节，有利于教材编者掌握学习者需求，总结教学内容，并重新审视教学过程，促进教材质量的进一步提高。对于一些教学内容或教学模式比较新的课程，也可以通过先开设在线开放课程，积累教学经验和成果后，转换为教材出版。教材与在线开放课程的融合发展，不仅是互联网时代教材建设的趋势，更将重构传统课堂与教学过程。

第二节 教材建设与数字化资源生态建设的融合

一、教材建设与数字化资源生态建设融合的基础

（一）对教学环境和教学需求的分析

需求分析是决定教材定位、内容选择构建、教材数字化程度与数字化资源融合形式等的基础。它包括对教学环境、教学目标、教学对象、教学内容、教学模式等因素的分析。与其他层次的教材数字化变革需求不同，职业教育的职业性、技术性，决定了职业教育教材开发与数字化资源的融合建设需要适应更多样化的教学环境、教学情景和教学需求。信息技术已渗透到职业教育的各类教学环境中，如计算机与信息技术高度参与的仿真实训在职业院校已很普遍。然而，职业教育教材建设一直滞后于其信息化教学环境的发展，一定程度上脱离数字化资源的开发建设。一方面导致数字化资源课堂利用率低；另一方面致使传统教材无法成为信息化教学的有机组成部分。实践方面的内容，如模具加工、针灸手法、仪器操作、工艺流程等，难以通过文字进行直观生动的呈现，而通过3D动画、操作示范视频等数字化资源进行辅助认知和技能掌握。因此，传统教材需要以何种方式融入何种数字化资源关键要看是否能优化教学内容的传递与表达，是否适应教学环境，满足教学需求。

（二）资源的多元交互生成需多方共同建设

建构主义视域下，职业教育教材建设与数字化资源的深度融合需要更多的社会力量加入（行业专家、从业者等），同时也需要资源的直接使用者——学生和教师共同参与（需求表达、学习体验和效果反馈、参与资源供给等），促进贴近社会和学习者需求的教材内容和数字化资源交互生成，使行业快速发展与教材资源内容老化的矛盾最小化，最大化满足"互联网＋"时代职业教育教师和学生的教学需求。确保教材理念、教材内容和体例符合行业现实、学生需求、教学需求，对教材与数字化资源建设和整合的思考便有了方向和针对性。职业教育纸质教材向"富媒体""数字化""跨平台"发展过程中，背后需要校方教师、行业专家和一线从业者、出版社、技术供应商等共同投入，站在彼此的角度思考需求，对教材和数字化资源融合的前期调研和融合模式的可行性和有效性进行多方沟通，使融合不流于形式，而是切实服务教学。

（三）教学主体和教学对象对融合资源利用的意识和能力

二维码作为纸质教材与数字化资源（以下简称"纸数"）融合最容易实现的媒介，已广泛出现在各类职业教育教材中。然而，据某网络后台的统计结果显示，二维码的扫描率很低，销售几千册的教材，单个二维码的最多扫描次数只有100多。放在职业教育学情的背景，这个使用率或许并不意外却值得深思。在"技术+课堂"的新课程范式下，教育环境对职业教育教师TPACK（整合技术的学科教学知识）有较高的要求，教师需娴熟借助技术将数字化资源与各教学要素和环节融合，引导学生使用教材相关的数字化资源进行学习。教师只有在教学设计过程中依据教材内容积极融入数字化资源，才会对教材融入数字化资源产生需求、形成思路。教师作为课程资源的生命载体，是课程教材与数字教学资源融合建设与后续有效利用的主体和基本力量，其自主性、对教学环境和需求的分析能力、教学设计能力、课程哲学观等都会影响课程资源的开发整合与应用。而学生在教师的指引和帮助下养成的自主学习的意识和能力是"纸数"融合资源得以充分利用的重要基础。

二、职业教育教材建设与数字化资源建设深度融合的模式

从服务教学的角度出发，"纸数"融合的依据是满足教学需求、适应教学环境、提高教学效率、产生实质效果；而对教材使用者而言，"纸数"融合还需具备教材的数字资源可获取、易获取、能应用等特点。下面将从融合内容、融合手段两方面探讨职业教育教材建设与数字化资源建设有效融合的模式。

（一）教材建设与资源应用相结合，"纸数"资源同步整合建设

职业教育的发展绕不开与产业和就业岗位的对接。这种对接在教材上的体现则是"理实一体化"、仿真实训等，以便更好地满足高技能人才的培养目标。"纸数"融合的内容首先应以需求分析为基础，突出职业教育特色，确定课程性质，构建教材的知识结构、内容框架、设计体例、技能类别等。对现有的数字化资源进行整合归类，反向思考现有的数字化资源，如专业教学资源库对教材体系、教材内容和编写体例的启示，将纸质教材中能利用数字化资源和手段优化设计的内容和模块利用关联技术和手段进行"纸数"融合。同时，在编写教材过程中，产生新的数字化资源需求和设想，则需及时补充和更新，有针对性地同步开发建设数字化资源。

应用数字化资源可以优化教学内容的展示、创设学习情景、支持自主学习、协作学习和探究性学习的开展。然而在具体教学过程中，往往需要从教材出发，利用相应的数字化资源，共同完成教学活动。从教学的角度出发，"纸数"

融合的内容可包含服务于教师的教材配套数字化资源，如电子参考课件、优秀课例示范教学视频；服务于"技术+课堂"新型教学模式的数字化资源，如教材知识点微课视频、实训操作视频、通过教材进入数字题库完成交互式的测试题等；服务于教材内容更新的数字化资源，如不断更新进展，持续建设的教材案例资源库；服务于自主学习和探究学习的教材拓展数字化资源等。

在教材编写建设过程中，教师、编辑、技术人员应掌握目前该专业学科的数字资源现状，将技术上、逻辑上独立、异构的，不同分类、不同层次、不同形式的零散数字化资源进行系统整合，以教材为核心，按需将内容和模态合适的数字资源纳入教材设计，做到教材与数字化资源恰当无缝结合，使教师和学生能便捷地通过教材了解并获取相关的数字化资源，满足信息化教学的需求和个性化学习的需要。据调查显示，截至目前，我国已立项建设的职业教育专业教学资源库共计99个，覆盖职业院校19个专业大类，已开发素材160余万条。然而，数字化资源的低利用率一直备受诟病。因此，结合教材，对原有数字化资源进行优化、重组、关联，在不浪费资源、不重复开发建设、节约时间和成本的情况下，使教材与数字化资源形成一个新的、富有效率和价值的有机整体，产生独立媒介无法具备的新性质、新功能、新效果、新效益的立体化"大教材"势在必行。而且，在调研充分，内容有效整合，版权问题得到解决，资源共享达成一致的基础上，"纸数"资源的融合可使课程数字化资源，如视频、测试、动画等，最大程度地匹配该课程广泛使用的教材版本学习内容，促进数字化资源的利用率，同时，让纸质教材成为信息化教学环境的有机组成部分。

（二）"纸质媒介+移动终端+网络平台"三大媒介共享

数字技术和媒介为"纸数"融合的立体化教材开发插上了飞翔的翅膀。技术与教育全面融合的新时代正催生出新的职业教育理念和教学模式，移动终端和网络平台上的数字化教学资源已成为重要的教学要素。为了让数字化资源更深入地走进课堂，让传统的教材焕发生机并融入信息化教学环境，"纸数"资源都应针对彼此的特性进行自身的开放和改变，为深度融合做好准备。当确定了教材与数字化资源结合的内容或模块后，便可对现有的数字化资源进行筛选、标注、整合，以满足教师教学的需求，在一定程度上提高教学效率。许多新型的教学模式，如混合式教学等往往需要在教材的基础上和数字化的学习资源相互配合。"纸数"融合的教材能否配合教师教学模式的选择和教学策略的使用，整体上和教师教学需求一致，让传统课堂教学的优势和数字化资源的优势结合起来是检验"纸数"融合教材使用效果的标准之一。当"纸数"融合教材适应教学环境，满足学生学习和教师教学的需求，其结果是教材内的数字化资源使用率是较高的，是有使用反馈的，是会产生新的资源需求的，进而能启发"纸数"资源的双向修正，进入良性循环。

在"互联网+"背景下，新技术的发展不仅逐渐改变了教学的范式，还会影响教学元素的革新。单纯纸质教材已呈现"天花板效应"，而投入巨大的海量数字化教学资源亟须找到进入课堂融入教学的路径。"纸质教材＋数字化资源"的深度有效融合则是职业教育教学改革实践和多年来数字化资源建设深化应用的重要途径之一。职业教育教材数字化革新需要对教学需求有全面透彻的掌握，需要教学方、出版方、技术提供方多方合作，需要教师教学理念和手段的更新。当有越来越多的出版社出版融合数字化资源的教材，它的实际教学效果和评价则需通过教师日常教学和学习者学习提供反馈，检验融合的效果，推动教材与数字化资源的融合交互创新，使传统教材成为现代智慧课堂的自然组成部分，使数字化资源通过教材走进课堂。

第三节　职业教育专业教学资源库开发

一、教学资源库的相关概念

（一）教学资源

AECT'94定义（美国教育传播与技术协会在1994年发布的有关教育技术的定义）中，对教学资源的界定主要包括教学材料、教学环境及教学支持系统。通常，教学资源是指在教学过程中能够促进教学能力形成，帮助学生达成学习目标，具有可用教学价值，为学生学习服务的各类教学组成要素。如师资、课程体系、学习资料、教学装备及场地等。

教学资源就是根据教学内容和教学目标，为支持教学活动有效开展一切可利用的素材及资源的集成和组合，是一切可以利用于教育及教学的条件集合，通常包括教材、课件、案例、教师资源、学习小组、教具等（表4-1）。

表4-1　教学资源的组成要素

教学资源	描述	举例
教学资料	蕴含了大量的教育信息，能创造出一定教育价值的各类信息资源	教学素材、软件、补充材料
支持系统	是学习者进行有效学习的条件，作为资源的内容对象与学习者沟通的途径，实现媒介的功能，认识学习资源概念的结构性视角	设备、信息、人员的支持
教学环境	是学习者运用资源开展学习的具体环境，除了包括整个教学过程的发生地，还包括的是学习者与材料、支持系统两者之间在进行交流的过程中所形成的氛围，即交互方式以及由此带来的交流效果	教室、网络环境、学习社区

数字化教学资源又称为信息化教学资源，是指经过数字化处理或以数字化形式存在的，具有表现丰富、共享、交互性的特点，可以在多媒体或网络环境下呈现的，由教师创作、搜寻，引导学生通过自主探索或合作交流的方式来完成数字化的教学资源。

表4-2 数字化教学资源的分类

划分标准	描述	分类	举例
来源	为实现教学目的而专门预备的资源	设计的资源	教室、教科书、教学软件
	原本并非专门设计但可用来服务教学的资源	利用的资源	软件工具、网络信息
表现形态	硬件资源	看得见、摸得着的物化设备	教室、仪器、设备
	软件资源	支持教学活动的工具性软件	电子图书、CAI课件
人、物关系	人类资源	人员参与组成	教师、学生、兴趣小组、家长、社会成员
	非人类资源	媒体及教学辅助设施	白板、实验室、计算机多媒体系统

专业教学资源可以理解为一切可以利用于专业教育、教学的物质条件、自然条件、社会条件以及媒体条件，是专业教学材料与信息的来源。它通常包括教材、案例、文件、影视、图片、课件、实习、实训、校企合作、企业培训等，也包括教师资源、教学设备、基础设施等。

（二）专业教学资源库

1. 教学资源库

目前教育界对教学资源库的概念并未形成统一认识，据资料显示主要有以下几种：

（1）教学资源库作为当代教育理论与教育技术发展的产物，通过对资源库中资源的获取，让学习者不仅掌握相关知识，更让其获得自学能力，促进自身身心和能力的和谐发展。

（2）教学资源库是指利用信息科技手段，对教学资源进行整合，最终建成互动化、多媒体化的共享式资源仓库。

（3）教学资源库是专为教学而设计的结构化的资源库，具有较强的针对性。为不同年龄和层次的学习者提供多媒体教学资源服务，通过创造良好的网络学习环境，使学习者方便、快捷地对资源库内的各类知识进行学习。

综上所述，教学资源库作为现代科学技术发展的产物，其发展与信息技术的发展息息相关。教学资源库开发的最终目的是辅助教学，应按照相应的技术规范及标准进行开发建设，以高度共享、形式多样的优质教学资源为基础，最终打造成为支撑开放教学的平台体系。

由此，笔者认为教学资源库是借助现代科技手段，按照统一的符合国际标准的技术规范和课程内在逻辑关系，以教学服务为根本宗旨，按照相应的技术规范及标准建立起来的内容、形式丰富多样，资源可共享，为社会人才培养提供有效支撑平台的开放式教学系统。

2. 专业教学资源库

专业教学资源库是国家示范性职业院校建设中的重点支持项目，目前专家的观点各有偏重，比较典型的主要有以下几个：

（1）专业教学资源库开发是促进专业教学改革、提高教学质量的重要抓手，是扩大国家示范职业院校建设成果辐射效应和服务全国职业院校战线的有效途径。

（2）专业教学资源库是学院充分利用网络资源优势，以专业教学内容为主建立的大容量、开放式、交互性强并适应网络发展的信息化教学服务系统。

（3）职业院校建设的教学资源库主要是为职业教学提供丰富、直观、多元化的教学资源，并通过各种媒体形式、多种呈现方式，进行设计开发、组织、管理，辅助教育者进行专业教学，推动学习者自主学习，主要包括媒体素材、教学课件、案例库、试题库和文献资料等。

作为国家示范性职业院校建设主要内容之一的共享型专业教学资源库的开发，是围绕国家重点支持发展的产业领域，借助现代信息技术手段，通过面向公共服务搭建开放平台，分享优质教学资源。建设该资源旨在为学生自主学习提供优质教学服务，加大和对经济相对落后地区示范性职业院校的支援力度；加快区域内职业院校与对口中等职业院校的交流，从整体上促进职业教育质量的提升。

高等职业教育资源共享平台，是指把有限的高等职业教育教学资源整合起来，以集团化的运行模式，以精品课程建设为基本支点，以虚拟实训为基本途径和以扩充职业教育教师队伍为基本动力，在不改变职业院校各自隶属关系、专业类别、基本职能的前提下，进行资源设计、整合，充分挖掘自身潜能，促使其在培养和输送一线应用型高技能人才方面发挥应有作用。

综合以上观点，笔者认为：专业教学资源库是为高技能人才培养以及终身学习体系的构建，而充分发挥网络优势，围绕专业教学的资源开发、设计、整合和入库等重点，与企业、行业共同搭建优质资源搜集渠道和开发整合基地，构筑集内容广泛、形式多样、交互性强、联系生产实际等特点于一身的开放教学资源环境，也是能够最大程度地满足学习者自主学习需要，服务于职业教育教学的高度共享、开放式的平台。

专业教学资源库的开发是专业发展融入信息化社会浪潮的必然趋势，为提高职业院校整体教育水平，推进教学建设和教学的改革，增强社会服务能力，围绕重点专业建设成为共享教学资源库。共享型专业教学资源库的开发目的，是对专业教学基本要求进行相应的规范，实现优质教学资源的共享，实现教学环境的开放化管理，满足学习者进行自主学习的需要，为高素质技术、技能人才的培养以及终身学习进程的推进搭建公共的开放平台。

二、职业教育专业教学资源库的基本特征

专业教学资源库借助于现代信息技术的支撑，打破了时空的界限，可以对全世界各地区、各学校、各部门的优质教学资源进行有效整合，解决了职业院校在物理空间上分布不均而造成的教育不公平的难题，从而有效地促进优质教学资源的共享，促进高等、中等职业教育的联动发展。

（一）开放性

专业教学资源库借助远程网络传输，将其教学资源通过开放平台传递到世界的每个角落，为职业院校、企业和社会学习者提供资源检索、信息查询、资料下载、教学指导、学习咨询、就业支持、人员培训等服务，解决职业院校专业共性需求，实现优质资源共享，推动专业教学改革，提高人才培养质量。通过各类媒体支撑，提供丰富多样的各类学习资源，将其打造成无障碍的教育平台，使职业教育成为真正面向每个人的教育。

（二）协作性

专业教学资源库的开发在国家的政策支持下，由示范性职业院校牵头，多方组织机构及专家共同参与。专业教学资源库由优秀的数字化媒体素材、知识点素材及示范性教学案例等教学基本素材构成的，是不断扩充的开放式教学支持系统。建设过程中教学资源信息化处理，是一项成体系的系统工程，它包含了教学资源的数字化以及网络化，但又不仅仅是两者的简单叠加，还涉及人员、政策以及标准等各方影响因素。多方协作贯穿于整个共建、应用以及共享的全过程，突出强调了协调管理在专业教学资源库开发中的重要作用。

（三）交互性

通过专业教学资源库进行学习，整个过程突破了传统意义上面对面交流形式的限制，通过在线交流、存疑问答、学习社区等多种途径，保证学习者在自主学习过程中获得学习支持，使得教学的交互不因缺少教师而受限制，通过人机交互、人人交互的方式丰富教学形式，提高学习质量。

三、职业教育专业教学资源库的基本功能

（一）实现资源共享

通过专业教学资源库的共建实现合作办学，利于各职业院校的教学资源的统筹协调和综合利用，打破地区、部门、学校界限，推动专业职业教育资源联合重组。职业院校专业教学资源库的开发突破了地域限制，整合行业、企业、研究机构中的各类可利用于专业教学的资源及可利用人才。围绕示范性职业院校的优势专业，借助于现代信息技术的支撑，将协助、联合的范围延伸到全世界各地区、各学校、各部门的优质教学资源，并对其进行了有效的资源整合。通过克服学校课程资源在物理空间分布上不均衡的现实障碍，有效地实现优质教学资源的共享，不仅增加学生的学习机会、扩大教学规模，而且降低教学成本、提升教学质量，促进职业教育的均衡发展。

（二）扩大学校影响

各职业院校在专业教学资源库的开发基础上，借助开放式平台，跨越了时间、空间的限制，不仅提高自身的教育质量，而且使其成为真正面向每个人、超越校园界限的开放式教育。如此一来，将其各自优势专业以及优质教育资源充分呈现，把最优秀的教师、最好的教学成果传播到四面八方，可直接扩大学校在社会上的影响，提升学校的形象，有利于吸收生源，获得更多发展机会。

（三）推动个性化学习

学习者利用专业教学资源库进行学习，一方面，可以根据自己的学习特点以及学习基础自主搭配"学习套餐"；另一方面，系统对每一个学习者的个性资料、学习情况等可以实现跟踪记录，并可根据各学习成员的情况记录，提出针对性的个性化学习建议，进而为个性化学习提供了现实有效的实现途径。

（四）搭建技术服务平台

通过搭建技术交流及技术推广平台，促进教学模式改革、项目化课程开发、专业技术提升，全面提高相关专业的人才培养质量与社会服务能力；建设应用管理平台，带动全国职业院校相关专业及专业群课程开发与资源建设的全面发展；建立就业信息、就业指导与就业服务平台，形成良好的就业信息交流机制，促进和提高专业学生的就业率与就业质量；为满足企业人员培训需求、中等职业教育需求，建立企业职工、在岗人员、中职毕业生、农民工的培训平台，形成职业能力培训包，满足行业内各类人员不同的自学、培训需求。

(五）推进教育信息化进程

职业院校利用专业教学资源库实施教学的主要实现途径是远程教育，其不受时间、空间限制，无障碍的学习特点，使得专业教学资源库成为职业院校教学有力的扩展和补充，促进教育改革，特别是推进了教育信息化进程。

四、职业教育专业教学资源库开发的理论基础

（一）创造教育理论

英国心理学家、优生学家高尔顿开创造教育研究之先河。1953年，奥斯本《应用想象力》的出版，作为其学科形成的标志。20世纪60年代以来，创造教育在日本亦受重视，大力开展"发明教室"有关方面的实践活动；德国则把学生发散思维的培养渗透在基础教育的课堂教学中。第二次世界大战后，创造教育受到广泛重视，初步形成理论体系，渐渐成为教学的世界性潮流。创造教育理念立足于社会对创造性人才的需要，坚信人人具有创造力，本着创造力可以通过教育和训练得以提高的原则，将培养学生创造力作为出发点及归宿点，实现培养"创造型"人才的最终教育目的。"创造型"人才观在职业院校专业教学资源库的开发目标中得以体现，通过培养学生创造性的学习能力、应用和创造知识的能力以及工作实践中的发明创造能力，实现"不以分数论英雄""不以考试定成败"的职业人才评价观。

真正的创造力必须兼具独创性和实用性，专业教学资源库的开发目标必须从培养真正的创造力出发，不只是实现固定知识的简单传授，其设计的整个学习思路，应该按照"探索—研讨—创造"的程序，培养学生的学习能力、发现问题能力、提出问题能力、分析问题能力、组织资源能力以及解决问题能力，并且可以利用所学，根据实际情况，进行独到的创造性研究。对于学习结果的考核制度也不再是以分数来衡量学生，以升学率来评价学生，而是考核在实际问题解决中其创造力的发挥及成果。

（二）终身教育理论

随着职业教育的进一步发展，未来将进入"全民终身教育"的发展状态。教育信息化作为职业教育现代化发展的标志，推动实现职业教育的多层次发展特色，真正地实现以人为本，教育面向人人，教育实现人的全面发展。这就要求职业院校专业教学资源库为广大职业学习者提供充足的学习资源，更关键的是注重培养学习者终身学习理念的形成、终身学习能力的获得、创新及自我独立特质的

形成。要求面向对象不仅仅是在学校，而是扩大到社会；不再是针对学校教育，而是延伸为面向职业的社会教育。

（三）掌握教学理论

即"掌握学习"教学理论，20世纪60年代末期产生于美国的一种教学理论，对美国当时教学质量的提高产生了积极的影响，它的代表人物是美国教育家、心理学家布鲁姆。掌握教学理论强调所有的人都能学习，并且坚信大多数的人能学到学校所教的一切内容，能达到教学目标。"掌握学习"又被译为优势学习或熟练学习，基本思想是只要提供恰当的材料和进行教学的同时，给学生充分的学习时间和适当的帮助，那么几乎所有的学生都能掌握既定的教学目标。确信教学应该使绝大多数学生达到教学目标、取得优异的成绩，而许多学生之所以没取得好的成绩，原因不在于智力，而是他们未能得到适合他们特点的教学帮助和学习时间。专业教学资源库实际作为一个面向学习者的"知识自选超市"，为他们提供足够的教学支持，学习者根据自己所需以及各自的学习习惯和特点，选择学习内容、安排学习时间，最终实现教学目标。

（四）非指导性教学理论

"非指导性教学"理论也被称为人本主义教学理论，该教学理论于20世纪60年代产生于美国，代表人物是心理学家罗杰斯。他认为，每个人自身都具备学习的能力，可以明确自身的学习需要；学生作为教学的中心；教师是学生进行学习生活的帮助者、学生学习活动的促进者；将促进学生的个性发展作为教学的终极目标。该理论认为，在整个教学的过程中要注重感情的交流，体现自我实现的价值，特别注重发展学生的创造性。认为整个教学的过程是师生间及学习者之间人际关系相互影响的过程，由参与者表现出来的智力、情感、经验等都会对教学环境产生影响。在非指导性教学过程中，教师扮演的是促进者的角色，与学生建立起关系并指导其发展，学习者只有在个人经验中通过自己的发现及化为己有的知识来影响个人的行为。教师的任务是：提供学习资源；打造促进学习的氛围；让学生了解如何学习；帮助学生探索学业、生活及与他人的关系。因此，在职业院校专业教学资源库的开发过程中，必须注重教学过程中参与者之间的交互活动，加大交互平台的建设力度，通过教学交流来确保形成良好的教学环境，除此之外，必须让教师发挥好促进者的应有作用。

（五）范例教学理论

"范例教学"是德国著名的教学论流派，首创于20世纪50年代，代表人物是德国数学、物理教学论专家马丁·瓦根舍因，该理论正是为了适应科技发展和"知识爆炸"新形势对教育的要求而产生的。该理论主张让学生从片面、零碎的知识以及沉重的学业负担中解放出来，通过对"范例"的主动探究，获得独立思考以及判断的能力，教学中注重训练、问题解决的学习以及系统学习，通过学习隐含着本质因素、根据因素、基础因素的典型事例，掌握科学的知识以及方法。强调激发学生的学习动机，引导学生进行自主学习，帮助学生掌握范畴性的知识及其内部的逻辑结构，从知识出发，再回过头来找出内部的逻辑。因此，职业院校专业教学资源库的学习资源不能是繁冗资料、教材的堆砌，而是精选的一个个"范例"，只有如此，才能保证在非现场教学环境下使学习者依然保持较高的学习积极性及主动性。

五、职业教育专业教学资源库的体系框架

（一）专业教学资源库的开发条件

专业的教学资源库开发，应将责任落实到具体的国家示范性职业院校，并由其牵头组建开发团队，组成建设管理小组，设置首席顾问，调动行业协会、企业及专业领域内的相关专家积极参与，统筹协调整个建设过程中的各项工作，确保提供以下必要的保障条件。

1. 舆论支撑

应试教育制度的长期影响以及职业院校尚未推行单独的招生政策，再加上社会对职业院校学生的偏见，这都在很大程度上影响了职业院校学生的学习积极性及学习信念。因此，在保证教学资源库开发质量的前提下，必须创设关于高等职业教育重要性的舆论宣传环境，提高受教育者对于专业教学资源接受的积极性及主动性，才能从根本上保证建设目标的最终实现。

2. 政策保障

教育行政主管部门要规范和细化职业院校专业教学资源库的开发制度，建立经费筹措和合理使用的政策措施，完善企业、社会团体和个人投资的激励制度，扩大职业院校专业教学资源库的开发自主权，鼓励职业院校突破限制，开发面向区域产业及优势特色专业的教学资源。

3. 政府引导

政府应合理引导职业院校，打造面向一线应用型紧缺人才的专业教学资源库，及时预测市场需求信息，扫除资源开发中的障碍，将建设风险降到最低，同时宏观统筹，避免出现蜂拥而上的"过热"现象。并且，在职业院校专业教学资源库开发之前，政府需要为其提供必要的先进技术支撑，同时提供面向担任重要

建设任务的教师的相关理论、技术及素养的培训平台，确保职业院校专业教学资源库开发的顺利进行。

4. 资金支持

主要是指加大在公共财政中的支出比重，足额安排并及时支付专业教学资源库的开发经费，并要给予相应的投入倾斜。专业教学资源库项目建设费用由国家财政拨款，在资源库开发中，项目组根据示范建设方案，积极主动完成资金的投入工作，确保实行专款专用，完成资源库平台的招标、安装、培训等工作。具体包括调研论证费、专家咨询费、企业案例费、课程开发费、素材制作费、特殊工具软件费、应用推广费等。

（二）专业教学资源库的开发原则

1. 标准化原则

教学资源库的开发必须有可依据的规范和可参照的标准，这是保证教学资源实现共享和互换的前提和基础，解决资源库扩展问题的有效途径，是当前职业院校建设的重点，也是对教学资源库进行有效管理的基础。教学资源的标准化主要包括课件资源的标准化、题库系统的标准化以及各种教学数据的标准化等。职业院校在进行专业教学资源库的开发过程中，必须严格按照制定的相关资源分类细则和数据资源格式，划分资源分类属性和赋值标准，保证不同数据平台之间的自由检索、交换和共享。

2. 科学性原则

专业教学资源库开发的科学性原则主要包含两个方面：一是专业教学资源库设计、开发要科学，二是教学资源的开发、组织要科学。首先，设计、开发的科学性主要体现在技术手段的选取上是否科学适用，要求应用的各技术之间能够相互支持，以便保证专业教学资源库的兼容性，这样直接影响着专业教学资源库开发的效率以及实用性。另外，各种功能的设计也必须科学，这样才能通过技术得以实现，最终使教育者及学习者方便、灵活的使用。其次，教学资源作为专业教学资源库系统的核心组成，其开发、创造、组织必须科学，科学把好教学资源的筛选关，科学地进行教学资源的分类以及重组，如此一来，让使用者准确、快捷地获得所需资源，得到高效的教学支持，才能从根本上保证专业教学资源库的开发质量。

3. 系统性原则

职业院校教学资源库的开发与发展是一项长期并且复杂的系统工程。在建设过程中，可能是分为几个子系统分别进行的，但务必要将其视为一个不可分割的整体，将所有的子系统都要统筹在专业教学资源库的整体设计中，服务于整个资源库教学功能的实现中。另外，还要综合考虑硬件、技术、人员、环境等各个相关因素，将他们组成一个整体，共同来实现职业院校专业教学资源库的开发。

4. 共享性原则

专业教学资源库由于以网络技术作为支撑，必然承接其开放与共享的特性，当今职业院校的发展对专业教学资源库的开发提出了更具体的高度共享要求，这需要拓展资源的来源渠道，丰富资源库的内容，提高资源的利用率。

5. 安全性原则

要确保资源库系统的安全，一方面，通过安装杀毒软件以及防火墙，防止病毒入侵；另一方面，要做好用户的权限设置，从身份认证上确保注册用户的真实性，进而确保资源提供的安全性。另外，还要确保资源库内系统信息的存储安全，避免用户信息及内部资料的外泄。

（三）专业教学资源库的开发思路

现存的职业院校专业教学资源库开发项目由国家示范职业院校牵头，围绕相关专业领域组建开发团队，吸引行业、企业参与，通过整体顶层设计、先进技术支撑、开放式运营管理、互联网运行的方式，整合社会教学资源，集成该专业的全国优质教学资源。

一个完善的专业教学资源库的开发应该是从资源入库、资源导航、资源检索、资源管理、用户管理、评价中心等多个方面入手。按照"统筹规划，分步实施，营造氛围，注重实效"的思路积极组织完成专业教学资源库的开发和平台应用与推广。因此，依据专业教学标准，围绕高端技能应用型人才的培养目标，将学生素质、职业能力与可持续发展进行综合考虑，引入行业、企业技术标准，体现岗位群的任职要求，注意紧贴领域内的最新变化。

建设专业教学资源库，应将规范教学的基本要求，实现教学资源的高度共享为根本目标；立足于职业领域内岗位群的要求，实现能力培养，促进就业，为实施"双证书"制度打造配套的专门认证系统；开放学习环境，满足学生自主学习需要，为高技能人才的培养和构建终身学习体系搭建公共平台。

（四）专业教学资源库的开发内容

《教育部、财政部关于实施国家示范性高等职业院校建设计划加快高等职业教育改革与发展的意见》中指明，职业院校专业教学资源库的开发内容主要包括专业教学目标与标准、精品课程体系、教学内容、实验实训、教学指导、学习评价等要素。整个专业教学资源库的开发，实则是开放的教学资源环境以及教学资源共享支撑平台的打造过程。需要按照共建共享、边建边用的原则，根据企业对人才的要求，确定高等职业教育的人才培养目标，对课程体系进行系统化设计。以实用技术为建设重点，开发并整合教学设计、实施以及评价的数字化专业教学资源，主要包括以下内容：

（1）充分调研，确定专业核心能力，系统化设计工学结合课程体系，构建课程中心、资源中心、案例中心、虚拟实训、考评中心、就业交流等平台。

（2）确立核心能力培养目标，制订专业人才培养方案等专业建设资源。

（3）完成核心课程网站建设，编写核心课程的课程标准、学习指南及考核方案，进行教学任务的教学设计并制作配套的教学课件。

（4）建设多元化的教学素材资源，以职业能力为线索，以问题为中心，系统规划各类素材资源，主要包括文本、图片、音视频资源。

（5）整合教学所需的资源，进行再加工，形成典型的工作及工程案例。

（6）根据专业的特点，选定典型工作任务，完成知识点的虚拟资源建设。

（7）充分发挥网络资源优势，以职业能力培养为核心，以工作岗位培训为目标，形成的核心能力培训包，满足能力培养和职业岗位培训需求。

（8）构建专业考核、考评体系，制订考核评价方案，进行习题库建设，实现课程考核和培训考评双重功能。

（9）搭建配套平台，建设就业指导与就业服务平台，实现就业信息、就业指导、创业指导、毕业生跟踪评价等功能；搭建信息交流平台，促进校企、校际、教师间、师生间的信息交流与资源的更新；构建专业及技术展示平台，展示专业精品课程，开展技术推广工作。

六、职业教育专业教学资源库的开发对策

（一）找准定位，多管齐下营造科学发展环境

职业院校专业教学资源库的开发是新时代背景下对常规课堂教学的必要补充，而非取代。各职业院校要有明确的办学指导思想，拥有符合教育信息化发展趋势的教学方案，具备可靠的教学质量保障体系和切实可行监控机制，创设利用教学资源库进行专业教学的必备环境，制定符合国家同层次同类专业标准的培养规格和教学基本要求。因此，建设之初做好充分的需求分析，避免简单的低端构建以及无用建设；在整个建设的过程中，要以满足学生职业生涯需求为出发点，大胆吸收、整合各职业院校专业特色教学资源，避免重复建设；注重构建理论课程与实训课程、显性课程与隐性课程有机结合的课程体系。除此之外，在教学资源的开发与设计的过程中，更要将社会分工和服务对象作为教学资源的开发与设计的侧重点，在确保专业体系完整的前提下，适当弱化学科色彩，以能力本位为

出发点，突出技能培养，贴近学生未来就业环境，按照相关职业工作标准，围绕职业技能培养方向进行拆分和组合，最终实现学生所学技能与未来职业岗位群需求的有效对接。

专业教学资源库要想在职业院校得到大力发展，必须在观念、资源、技术上打造良好环境氛围。

首先，要确保观念上的更新，正确的定位，特别是要引起领导层对建设教学资源库的足够重视，明确对建设专业教学资源库的指导思想，将教育资源的开发、整合定位与学习者的学习发展需求相切合，使专业教学资源库作为职业院校面向人人的职业教育平台。

其次，要有充足、优质的课程资源、教学师资、系统平台及完备管理体系做支撑，这里需要特别指明的是，有一部分的教学资源是传统课堂内容的一种再现，但大部分的内容鉴于网络教学的特色，是需要重新设计开发的。对于教师队伍的打造，不仅对教师在网络环境中的信息素养提出了较高的要求，而且对于"双师型"职业教育教师队伍提出更为迫切的需求。

最后，还要有资金及时投入，一体化专业体系保障专业教学资源库开发各个阶段的顺利进行。联合省级教育行政、财政部门对建设过程统筹协调、科学管理，会同学校举办方，落实建设责任，控制实施过程，确保达到预期目标，引入行业先进技术标准，开发基于企业生产项目的优质专业教学资源，多方联动实施共建，开创高等职业教育服务经济社会发展新局面。

（二）全面开发生成性教学资源

在新课程理念的影响下，为实现以人为本、促进人的全面发展，专业教学资源应顺势完成由封闭向开放、由静态向动态、由被动向主动构建的转变，彰显教学过程的生成性特征，即开发生成性教学资源。在国内由叶澜教授最先提出的开发生成性教学资源的观点，强调"学生在教学过程中的学习兴趣，积极性，注意力，学习与思维方式，合作能力，发表的意见、建议、观点，提出的问题、争论乃至错误的回答等等，无论他们是通过言语、行为，还是情绪来表达，都应看作是教学过程中的生成性资源"。

专业教学资源库自身的开放性、协作性及交互性，要求职业院校在进行专业教学资源库的开发过程中，更应着重把握生成性资源的开发利用。一方面，教师作为教学资源开发的主体，对于现存的教学要素或条件，要实现自觉、能动的赋值并进行开发和利用。另一方面，教学资源要面向主体学习者，对于教学资源库内的教学内容的学习理解、存疑解惑、练习实践，借助平台内部配备的学习记录跟踪系统，给予存档共享或进行存惑答疑，实现学习经验的交流。除此之外，学习者在学习过程中自我发现的有用问题及搜索利用的有效资源,应该实时记录共享,可以让其他学习者得以借鉴,资源库的开发者也可据此反馈,做好教学资源的及时更改或更新。

(三)构建严密的组织管理运行体系

1. 合理组织结构,明确职责权限

要想保证专业教学资源库开发顺利进行,必须按照明确的责任分工及建设程序进行建设。例如,成立专门的建设工作指导委员会,负责整个建设过程中的统筹,全面管理和协调专业教学资源库开发工作,制定专业教学资源库开发规划,以及监控专业教学资源库开发进程,联合行业、企业和院校三方实现共建,有侧重地分配建设任务,实现节约、高效的资源建设。首先,项目小组要明确建设思路和构建专业教学资源库开发基本框架;其次,参与建设的各职业院校、企业单位、专家个人依据各自所具体承担的建设内容和具体任务;最后,确保设立专门建设管理机构,进行建设协调、定期检查、督促以及评价工作。专业教学资源库的开发是一个长期的、不断完善的系统工程,只有配备了完善的建设体系,调动所涉人员的建设积极性,明确权责分工,确保后继服务到位,才能最终保证职业院校专业教学资源库的高质、高效的建设。

2. 提升教师信息素养,打造职业化建设团队

鉴于专业教学资源平台的开放性,加强职业院校专业教学资源库的开发力度,建设团队必须能与行业企业合作或结盟,产生良好互动,成为一支职业化、高素质的专业教学资源库开发和规划管理队伍。其中,建设管理队伍应该是按照事业部制结构组织,而非项目结构,避免出现项目结束团队便解散的弊端,保证专业教学资源库的可持续发展。建设管理队伍的打造是职业院校专业教育向纵深、高端发展的重要保障,也是提高职业院校教育整体水平的核心工作。

在职业院校专业教学资源库的开发过程中,职业院校必须紧紧围绕信息素养型人才的培养需要,实施"内培、外引"的"人才强校"战略,全面提高教师的信息素养,特别是教师数字化教学资源的开发及应用能力。针对职业院校教学资源库内针对实践技能培训的内容,教师作为库内教学资源的主要开发者,必须有敏锐的洞察力与准确的判断力,对与现实生产活动中技术更新、设备更替,迅速作出教学资源及技术的更替及补充。确保学习者在生产技术、设备更新的第一时间得以了解、学习、掌握,确保教学资源及应用技术的持续更新,围绕资源对学生就业的"贡献率"进行适时动态调整,并且每年更新比例不能低于规定的最低限度。需要将教师信息素养的培养纳入整个教学管理中,并且与教师评级及晋升挂钩,以课评与比赛的形式进行应用性验收。具体包含

教师对信息资源的获取能力、多媒体应用能力、网络操作能力、课程资源开发能力等，针对以上对教师进行培训及引导性锻炼，从根本上提高教师开发的教学资源质量。

在"双师型"教师问题始终没有得到很好解决的情况下，教师资源作为建设的组成部分，不妨试着换种思路，通过专业教学资源库这个平台，共同打造互陪、互管、共享的教师队伍，形成"双师型"中坚力量。首先，教师应该被视为一种社会资源，从学校有限范围中解放出来；其次，教师的面向对象应该被锁定为学生，而并非学校；最后，优质教师资源的高效共享，关键还要有配套的规范化管理机制。

3. 充分发挥示范性职业院校的带头作用

职业院校专业教学资源库的开发，作为中央财政立项支持的"示范性高等职业院校教学改革"的重要组成部分，应该通过教学资源的共建共享，有效地解决全国职业院校同类专业的共性需求，促使专业教学水平的整体提高。通过提供面向人人的优质、多样的教学资源及个性化的教学服务，推广应用代表着国家水平、具有职业教育标志性特色的、共享型专业教学资源库，进而带动全国职业院校教学模式及教学方法的整体变革，使职业教育的人才培养质量和社会服务能力得到迅速的提升。因此，未来职业院校专业教学资源库的开发重点，应该围绕职业教育领域的专业教学改革，充分发挥其专业发展的示范、辐射、推动等作用，进而推动整个社会行业的进步。

4. 加强与职业标准的衔接，加大企业参与力度

新形势下，职业院校的专业教学资源库的开发必须做到与职业标准的衔接，面向企业需求以及符合教学服务要求。这不仅是对职业院校教育质量的一种保证，更主要的是为推动未来职业资格准入制度顺利建立的必要保障。职业院校在进行专业教学资源开发时，必须做到从职业需求出发，并且在教学资源的设计上要以满足企业的需求为逻辑起点，专业教学资源库的开发不仅仅是为了构建学科体系，更是为了提高技能、促进就业。

5. 分层建设，打造国家级资源共享平台

在区域内围绕重点专业，集政府、行业与企业、学校各方力量，共同打造区域专业教学资源库，然后再由区域联动，在全国范围内将不同区域、不同领域的特色专业教学资源库连接起来，共同构筑起一个国家级教学资源库。共同建设高度共享的资源保障体系，形成一个真正的无障碍资源网络系统，成为支持职业院校教育向世界一流水平发展的支撑，为实施科教兴国战略提供强有力的教学资源保障。

国家级职业教育教学资源共享平台的建设，实际上是打造国家级教学资

源合作体系，要求全国相关职业院校共同参与，遵循统一规范和标准，建设有价值、有特色的数字化教学资源保障体系。各参与院校应该侧重创新性、特色性专业教学资源库的开发。将各具特色的专业教学资源纳入全国乃至全球的教学资源合作体系之中，只有这样才能共筑起全国范围的教学资源库，形成全国及全球性的高度共享的教学资源网络系统。通过这个资源系统的协同和互动，能够全面、系统、便捷地获取教学资源，使教学资源得以充分的开发利用和创新，实现真正意义上的专业教学资源的高度共享，并达到知识和技术创新的最终教育目标。

（四）全面提高应用效果

1. 明确规范标准，确保建设质量

职业院校专业教学资源库开发中，需要针对以下内容制定相应的规范标准：一是针对专业教学资源库的开发技术，需要规定最低的技术要求；二是制定相应教学资源的标准，按照资源类型制定相应的质量技术标准、归类属性标准以及教学资源评价标准；三是规定教学资源管理系统框架和基本功能。在资源库整体建设以及库内资源开发、整合时都应该严格按照相应的规范标准要求，从根本上保证专业教学资源库的开发质量。

2. 缩短资源更新周期，提高教学质量

新形势下，知识技术的变更，要求教学课程必然紧跟更新步伐，然而职业院校常规课程的更新要经历调研、分析、开发、评价、反馈等一系列的程序，相对来说是个漫长的阶段，这也从另一个层面反映出教育的滞后性。对于职业院校建设的专业教学资源库来说，它有着强大的网络技术支撑，可以及时获得前沿信息，从很大程度上缩短教学资源的准备周期。关键是库内实训技能培训是通过软件的高仿模拟实现的，相对于常规实训基地的改进与重建，专业教学资源库内实训场景的更新替换则要更短的时间。此外，专业教学资源库可以及时追踪到信息的更新，可以随时吸收引进企业、研究机构等社会上的最新技术，利用后台技术做到最快的模拟更新，进而提高库内教学资源的更新频率。更新周期的缩短，能确保专业教学资源库内教学资源的先进性，从而提高整体教学质量。

3. 以"媒介素养"为教学重心，创设优良学习环境

知识管理及信息处理的能力被看作是21世纪人才的标志，为应对当今社会对人们提出的新的学习内容，要改变的不是互联网，而是教育本身。为满足行业、企业对大量高素质技术、技能型人才的迫切需求，职业院校专业教学资源库的开发，应该树立高素质的人才培养目标，需要以"媒介素养"为教学重点，使培养目标完成从单一技术人才向全面素质人才的转变，使学生不仅学会"做

工"，更要学会"做人"，全面实现技能就业、素质保业的职业教育目标。

知识的获取不再单一通过教师的传授，而是学习者在一定的情境即社会文化背景进行的自我构建。建构主义学习理论指出，学习的知识是借助其他人（包括教师和学习伙伴）的帮助，利用必要的学习资源，通过意义建构的方式而获得。在专业教学资源库的自主学习环境中，因为教师和学生处于准时空分离状态，要求学习者必须更加自主地进行意义建构，学习环境的创设尤为重要。因此，职业院校在进行专业教学资源库的开发时，不是仅提供教学资源，而是引导学生，使其成为自己的"教师"，给学生提供一个自主学习并解决问题的平台，而不仅仅是一个教学内容展示的平台。

4. 配套服务体系，确保应用效果

专业教学资源库开发过程中必须构建配套的支持服务体系，用来维护整个开放平台的稳定，解决库内教学资源不断丰富、更新、撤换，设施装备的调试、保养和维护等问题。在提供多样、优质、高效的专业教学资源与技能培训资源的同时，积极开展课程开发、资源整合、运行管理等配套技能训练，进一步扩大专业教学资源库的受益面，使其效用得到最大限度的发挥。只有这样才能更好地适应教育信息化发展的需要，使教学资源库的服务工作及时跟进，注重满足使用者的深层次需求，确保应用效果。

（五）建立保障性评价机制

专业教学资源库应有配套的质量保障评价机制，对建设质量、应用效果等进行过程性、总结性评价，及时把握建设现状，对应建设目标及标准，做必要的变化及修订。随着科技的进步，大量技术软件在交互、协作学习领域创造新的生成性资源，现实环境中工种的瞬息万变，信息、生产技术及设备更新换代的速度加快，这都从一定程度上决定了库内教学资源自有的生命周期。专业教学资源库开发应该是阶段性的而非静态的，要适时进行补充、修订以及升级，以防止资源静止，实现动态更新，缩短教学资源的更新周期，减少教育自身的"滞后"影响，提高职业院校教育质量，实现专业教学资源库的可持续发展。

专业教学资源库开发中对教学资源进行的设计、开发、整合、入库、存储等大量工作，是辅助教学的关键。为顺应时代快速发展的需求，应一改传统的由学生、教师、课堂三要素共同支撑实现学习情境的模式，打破时空障碍，将教师慢慢地从教学实施现场抽离出来，转向教学资源的开发及准备当中来，使课程的学习变为学习者直接面对课程资源的自发过程。专业教学资源库在进行建设时，要引导社会力量参与共建，一起打造便捷的资源开发途径以及高效的收集、整理平台，最终实现库内资源充足、样式丰富，并与实际生产过程紧密结合。建设过程中，紧紧围绕为社会、行业、企业的发展及时输送高素质的技能型人才的建设重点，服务于区域产业人力资源建设。

总之，为将职业院校专业教学资源库开发成为高度共享的开放平台，必须明确思路，统筹兼顾，科学推进专业教学资源库开发，实现优质教学资源的交流，全面实现特色引领发展，最终实现职业院校教学水平和人才培养质量的稳步提高。应当按照"中央政策引领、区域统筹管理、院校具体实施"的原则，采取"学校申报、地方审核、中央认定"的程序开展相关建设工作。以专业的建设为出发点，面向岗位群的技能要求，建立面向全部学习者的学习资源库，最终融入具有特色的优势专业课程体系，全面推进高等职业教育的改革进程。

第五章　职业教育教学资源的设计创新与实践应用

第一节　数字化教学资源在中等职业教育"计算机应用基础"课程中的实践应用

一、中等职业教育数字化教学资源的主要来源及其存在的问题

（一）主要来源

1. 现有教学资源的数字化改造

我国现存的教学资源中，除近几年开发的数字化教学资源外，大部分都是几十年前教育教学实践中积淀的印刷品、音像制品等传统教学资源。对这些资源进行数字化改造，对今天的教育教学具有比较高的教学参考价值。因为，这些传统的教学资源既有经济效益，又有社会效益，在挽救一大批有教学价值资料的同时，对于节约有限的教育经费、缓解学校教学资源匮乏意义重大。

具体方法是，现有教学资源中的图片和文字材料可以通过数码技术，如数码相机、数字扫描仪，转化为可在计算机上加工、处理、传输的数字化教学资源。音像教材也可借助相关的设备和计算机应用软件进行数字化改造。随着数字技术的进步，传统的广播电视教学所使用的模拟设备逐渐被淘汰，数字化音像资源在教学中的应用将越来越广泛。

2. 教师个人制作上传的课件

面对新的教学手段，我国已经形成了一支积极研究探索的教师队伍，他们通过各种途径获得计算机硬件和数字化教学资源的制作软件平台，开发了数量相当可观、形式多样、内容丰富，并且由许多非常切合所在学校、所教学科实际情况的数字化教学资源。

3. 师生创造的电子作品

这部分动态教学资源是在数字化学习环境中产生的一种新型教学资源。电子作品有以下两种基本类型：

（1）展示型作品

这是学生作业的电子稿，教师可选择最优秀、最典型的学生电子作品，将其发布到网上供其他同学观摩学习。

（2）师生交流作品集

这类作品往往称为教学作品集，主要来源于教师与学生之间的相互交流。交流作品可能是师生就某一问题的讨论结果，也可能是教师对学生疑难问题的答复。

4. 由专业人员或专业教学网站制作、开发建设的资源

目前，我国已经有专业的教育软件公司和参与教育软件制作的其他软件公司2000多个，他们已经创建制作了诸如《K12教育资源库》《洪恩资源库》《中教育星教育资源库》《科利华自主学习平台》等大量的商业教育、教学软件。同时，利用互联网，还可以搜索到由教育研究机构、学校和个人开发的大量专业化程度很高的教学资源网站。但是主要针对中职教育的商业教育软件和专题网站较少。

5. 其他方式产生

数字化教学资源的开发，除了上述几种来源外，中职学校还为了满足数字化教学的特殊需要，组织教师进行了数字化教学资源的开发工作，形成了一批网络课程、数字化教案、课件和积件等。

（二）存在的问题及原因

随着大量的数字化教学资源在教育教学应用中不断深入，当前我国数字化教学资源存在的问题及主要原因是：

1. 数字化教学资源缺乏统一的标准

从目前来看，国家还没有统一的中职学校数字化教学资源设计与开发的标准，各种机构、各级各类学校根据自己的需求，从自己的认识角度出发，按照自己的标准开发、利用与信息时代共享精神不符合的、种类繁多、彼此不兼容的数字化教学资源。

2. 数字化教学资源的分布面广，不易查找

因特网是一个开放的巨大的网络，搭建网站的技术门槛也越来越低，世界各地分布着数以亿计的各种网站，并且不断地增长，过去的和正在开发的数字化教学资源也就储存在这些广泛分布着的网站中或其内部的某一部分，这些零散分布的资源随着所处网站的软、硬件环境及管理者的认识水平不同而具有不同的特征，这给资源的更新、查找带来很大的不便。

3. 数字化教学资源的媒体格式或平台环境多样化，不易沟通衔接

不同的资源建设者根据自己的环境条件、技术优势、个人喜好采用不同的操作平台、应用软件，所开发的资源也以不同的媒体格式存在，如图片与视频、试题与教案等，这给资源的沟通衔接带来很大的不便。

4. 资源开发者水平差异很大，资源质量参差不齐

从已经开发的资源看，商业化的资源往往是以拥有较多技术人才的专业化公司为主开发的，这样开发的资源技术水平较高，比较系统，但在与教学实际结合的程度上还存在不少问题。而教师直接参与制作的数字化教学资源，与教学结合紧密，实用性强，但是在技术方面不稳定。

5. 资源凌乱和重复建设现象严重

由于资源的开发者来自不同的领域，彼此信息交流不多，各自按照自己的安排进行开发，带来资源重复，导致了教学内容的重复建设，浪费了大量的人力和物力，不利于资源更新和系统化建设。

6. 功能不完善，系统性差

商业化公司开发的资源比较系统，但由于受技术、经济、精力等因素的影响，其他渠道开发的数字化教学资源只能涉及教学的一部分，功能的开发也只是侧重于某一个或几个方面，而不具备知识的系统性和完善性。

二、中职学校可获取的各类别的数字化教学资源及其特征

为了方便广大师生高效搜索和使用资源，必须要对数字化资源进行详细科学的分类，数字化教学资源分类方式很多，本部分从方便教学的角度，将教师可获取的各类别的数字化教学资源进行归纳分析，并对其特征进行阐述。

（一）可获取的各类别的数字化教学资源

1. 电子教案

电子教案是利用文字处理软件在计算机上编写的图文并茂的多媒体教案，是在传统纸教案的基础上，对各种教学资源进行组合。在教学中，使用精美、生动的电子教案，有利于提高教师的备课水平，增强教师的自信心；有利于提高教师的教学水平，积累经验，也便于开展教学经验交流；有利于更好地体现备课者的教学思路及教学过程。相比于传统的教案（纸质教案），电子教案具有较强的共享性，可以直接应用于课堂。

2. 电子课件

（1）电子课件是在一定的学习理论指导下，根据教学目标设计的、反映某种教学策略和教学内容的计算机软件，其内容一般与教科书配套，紧扣教学大纲，紧扣某版本教材，按教科书章节安排课件内容。电子课件通常包括以下内容：

①向学习者提示的各种教学信息；

②用于对学习过程进行诊断、评价和学习引导的各种信息和信息处理；

③为了提高学习积极性，制造学习动机，用于强化学习刺激的学习评价信息；

④用于更新学习数据、实现学习过程控制的教学策略和学习过程的控制方法。

（2）电子课件的设计与制作涉及多种学科的知识和技能，一般由课程专家、教学设计人员、心理学家、有经验的学科教师、教育科研人员、美术人员、软件设计人员，有时还需要音乐工作者、摄录像人员等共同参加，组成课件开发小组。

电子课件的优点包括：

①课件与教学目标、教学策略、学习理论密切相关，特别是有优秀教师参与编制的课件，是其教育思想与教学方法的具体体现；

②课件可以重复利用，方便师生随时参考；

③多媒体课件的呈现方式，有利于提高学生学习的兴趣；

④课件的信息量较大，扩大了学生的知识范围；

⑤网络课件的交互性，加深学生对课程内容的理解。

（3）优秀的课件能按某种学习理论和教学策略达到教学目的，在教师和学生的教学活动中起到一定的作用，但课件自身的基本特性，决定了其在教学活动中的使用范围很窄，有很大的局限性。

①大部分课件成品后不可修改，不能由师生重组改造，以适应自己的教学实际，没有和课堂教学有机结合；

②由于学科教师，特别是一线教师的计算机能力有限，优秀教师的教学理念往往在课件中得不到体现；

③教师对课件共享的意识还有待于加强；

④大部分课件制作在交互性方面，仅仅做到学生对知识的自评，没有体现意义建构；

⑤课件的源代码开放不足，不利于课件的二次开发。

3. 教学光盘

教学光盘大部分由专业人士制作，对教学起辅助作用，在中等职业学校，大部分教学光盘是针对计算机教学和其他专业教学的。

（1）教学光盘的优点包括：

①有利于对学生实施计算机辅助教学（CAI）；

②信息在光盘介质上存储、携带方便，而且信息量大；

③教学光盘所包含的知识内容丰富，逻辑性强，有利于初学者学习。

（2）教学光盘也有一定的弊端：

①由于教学光盘大部分是商业化运作，所以光盘内容与实际教学目标相脱节；

②教学光盘里，个性化的内容比较少，不利于因材施教。

4. 积件

积件是由教师和学生根据教学需要，自己组合运用多媒体教学信息的教学软件系统。积件是从课件的经验中发展出来的、现代教材建设的重要观念转变，是继课件之后的新一代教学软件。

积件系统包括积件库和积件组合平台两部分。其中积件库是多媒体教学资源素材的集合，它可以是以知识点为基础，按一定检索和分类规则组织的素材资料，可以是帮助教师讲授某个教学难点的教学单元，可以是供师生任意借鉴的教学策略，也可以是连接在各种网络上的环境资源。各种积件库为师生利用积件组合平台、制作教学软件提供了充足的素材来源和多种有效途径；积件组合平台是供师生选取、加工教学资源素材，并进行创造性教学活动的软件环境。

积件系统具有如下特点：

（1）具有基元性、可积性、开放性和自我繁殖性；

（2）具有通用性、易用性、灵活性和实用性；

（3）与教育思想、教学方法、学习理论无关；

（4）与教材版本无关。

积件的核心思想是以基元（知识点）的无穷组合来适应千变万化的课堂。积件库中每个基元可以是一个知识点，可以是一个微教学单元，也可以是一个教学策略。因为积件基元不局限于课程体系和教材版本，因而积件基元具有很强的可积性和重组性，我们可以利用这些积件基元生成适合不同教学环境的多媒体课件。总之，积件实现了有限与无限的统一，是对课件的继承与发展，是散装的课件元素，是"活"的课件。

5. 网络课程

网络课程是通过网络表现的某门学科的教学内容及实施的教学活动的总和，它包括两个组成部分：按一定的教学目标、教学策略组织起来的教学内容；网络教学支撑环境。

目前，大部分中职学校都开通了校园网，有条件和技术的学校在主页上链接了本校或外校的网络精品课程。由于网络课程制作的计算机技术含量比较高，因此，大部分中职学校没有自己设计与开发的网络课程。

6. 资源数据库

资源数据库的种类繁多，如：专门的教育教学数据库，包括教育教学文献类、多媒体课件类、教育教学论文等；中国学术期刊全文数据库；超星电子图书；中国基础教育知识资源库；外文电子期刊数据库等，但是与中职教育教学有关的数据库很少。

7. 网站的教育资源

（1）专题资源网站

专题资源网站是在网络环境下，围绕某门课程或多门课程密切相关的某一项或多项学习专题进行较为广泛深入的探究、发现学习活动的资源学习型网站。

如资源库针对某一主题，提供各种探究活动、学习资源和讨论组，为现在的研究性学习提供丰富的资源和空间；另外还有虚拟社区资源库，它以讨论组的方式将本站中的资源划分成不同版块，用户在获取资源时也可以将自己的资源贡献出来，每个版块的负责人会定期整理本版中的发言，将零散、无序的内容条理化和系统化，并作为精华资源推荐给用户。

（2）静态学科资源网站

静态学科资源网站是按学科分类，将各学科的教育资源通过网页的方式连接在一起，并由此而形成学科群资源网站。各网站内容除了题库、教案库和课件、素材库外，还根据不同学科的特点设计多种特色栏目，热点专题等。

静态学科资源网站可以针对中职教育的特点，以学科分类，一方面能调动学科教研员的积极性，尽快组织学科骨干参与建设，另一方面由于学科教育所积累的资源较丰富，可便于短期内建设起网站的框架，并不断充实资源，同时更能直接体现教与学的主题。

8. 数字图书或馆藏电子资源（要适应阅读浏览器）

馆藏电子资源是图书馆将图文声像等信息以数字形式存贮在光、磁、电等介质上，并通过计算机或类似设备阅读使用的产品。

电子资源包括数据（数字、文字、图表、图像、地图、活动图像、音乐、声响等），程序（计算机程序）以及数据和程序的合并。馆藏电子资源与传统的印刷型的出版物相比，具有如下显著特点：

①集文字、声音、图像为一体，声、画、像同步输出的多媒体信息，形式多样，生动直观，界面友好，可读性强；

②用数据库或超文本或超媒体的方式来进行信息组织，同时也接受用户的反馈；

③载体体积小，存贮量大，成本低，所占库容小。以每本书50万字计算，每片光盘可存储1000本书；

④传播和更新速度快。可以利用网络进行实时传播，提供远程访问服务，实现电子资源的共享；

⑤可以永久保存，复制也非常容易。

数字图书常用阅读浏览器有：

①CAJ全文浏览器（适合CNKI中国期刊网、CNKI中国优秀博硕士学位全文

数据库、世纪顶新外文数字图书馆）；

②维普浏览器（适合中文维普科技期刊数据库）；

③Adobe Acrobat Reader（pdf格式）（适合万方—中国会议论文全文数据库、EBSCOHost 外文数据库、Springer Link全文电子期刊、WorldSciNet电子期刊）。

如何使用数字化教学资源，主要取决于教学目标的要求。在新型教学模式下，教师转变为学生的学习组织者和管理者，学生有着自主学习的权利。因此，资源所提供的知识不应该再是教师传授的内容，而是学生主动建构意义的对象；媒体也不再是帮助教师传授知识的手段、方法，而是用来创设情境、进行协作学习和会话交流，即作为学生主动学习、协作式探索的认知工具。教师、学生、资源和媒体等四要素与传统教学相比各自有完全不同的作用，教师只有深刻地理解了数字化教学资源的特点，才能在丰富的资源和海量的信息中有针对地、有目的性地选择有用的素材，鉴别自己所需要的信息，设计出既有基本要求的教学内容，又有深入钻研、扩展知识或开阔视野的资料。

总之，数字化教学资源是开展数字化教育的前提和基础。随着数字化教学资源的逐步拓展，数字化教学资源越来越丰富，教学资源的有效管理成为开展数字化教学的关键。

三、数字化教学资源应用于中等职业教育"计算机应用基础"课程的理论基础

（一）建构主义的学习理论

建构主义的学习理论产生于20世纪90年代，使学习理论发生了质的变化，促进了学习方式的变革。建构主义认为：知识不是通过教师传授得到的，而是学习者在一定的情境即社会文化背景下，借助他人，包括教师和学习伙伴的帮助，利用必要的学习资料，通过个性化的意义建构的方式而获得的。也就是说，获得知识的多少取决于学习者根据自身经验去建构有关知识的意义的能力，而不是取决于学习者记忆和背诵教师讲授内容的能力。

建构主义学习理论的基本内涵是：

1．强调以学生为中心。认为学生是认知的主体，是知识意义的主动建构者。教师只对学生的意义建构起帮助和促进作用，并不要求教师直接向学生传授和灌输知识。

2．强调情境对意义建构的重要作用。认为学习总是与一定的情景相联系的，学习者在实际情况下利用自己原有的认知结构中的有关经验去同化和索引当

前学到的知识，并赋予新的知识某种意义。如果原有经验不能同化新知识，则要重组原有知识结构。

3. 强调协作学习对意义建构的关键作用。认为学习者与周围环境的交互作用对知识意义的建构起着关键性的作用。

4. 强调对学习环境的设计。认为学习环境是学习者进行自由探索和自由学习的场所。在学习环境中，学生可以利用各种工具和信息资源（如文字材料、书籍、音像资料、多媒体CAI课件以及互联网上的信息等）来达到自己的学习目标。

5. 强调利用各种信息资源来支持学。认为在学习过程中，教师要为学习者的主动探索和完成进行意义建构。

6. 强调学习过程的最终目的是完成意义建构。认为在建构主义的学习环境中，学习的最终目的是学生对知识的意义建构。

基于建构主义的本质内涵，对教学进行设计时需体现以下的特征：

1. 教学就是创设能提供认知工具、蕴涵丰富资源、鼓励学习者通过与环境的互动去建构个人意义的学习环境。

2. 建立有助于交流与协商的"学习共同体"。重视学习者的社会参与，强调真实的学习活动和情境化内容，创建"实践共同体"和"实习场"，以使学习者在学校所学知识具有强大的生存力。

3. 知识不可能以现成的、孤立的方式掌握，掌握复杂知识需要掌握组成系统形式的知识的不同方面，必须重视知识的多元表征。

4. 利用情境原则、设计成功支持隐性知识学习的环境，使学习者能潜移默化地领悟所需要的知识。通过合法的参与，让隐含在人的行为模式和处理事件的情感中的隐性知识，在与人互动的过程中发挥作用，并随着实践经验的增长而扩展隐性知识的复杂性和有用性。

随着建构主义理论在教育教学中的指导和应用，以建构主义理论实施计算机应用基础课程课堂教学成为必然。教师应当彻底摒弃以教师为中心、强调知识传授、把学生当作知识灌输对象的传统教学模式，应当在教学过程中采用全新的教学模式、全新的教学方法和全新的教学设计思想。

（二）四大支柱理论

教育的"四大支柱"是国际21世纪教育委员会于1996年向联合国教科文组织提交的报告《教育-财富蕴藏其中》中的核心内容，该报告认为：教育要适应未来社会的发展，必须围绕培养学生具有四种基本的本领来重新设计、重新组织教育教学。面向21世纪教育的四大支柱，就是要培养学生学会四种本领：

1. 学会认知（learning to know）

培养学生学会运用认知工具求知，学会发现问题，学会探究知识，学会构建知识，也就是要学会继续学习的本领；注重培养学生认知方法，引导学生通过发现、探究和意义构建的途径获取知识，培养学生的继续学习能力。

2. 学会做事（learning to do）

既要学会实践，更要学会创造。就要重视建造可供学生参与的环境，激发学生兴趣，使学习者通过环境的交互作用，通过实践，通过做事获得知识和能力。

3. 学会合作（learning to together）

要培养学生学会与他人共同生活，就要学会合作生活，合作学习，从过去的集中教学方式到个别学习方式，到现在提倡的协商学习（也称合作学习）。

4. 学会生存（learning to be）

学会生活、学会自身的发展。要重视发展性教学，"知识—能力—情操"三维课堂教学目标，不仅用于传授知识，还注重能力和高尚情操的培养。

由于国际21世纪教育委员会认为上述四个方面学习能力的培养，对于塑造年青一代的品德与能力素质和解决现代社会的基本矛盾有至关重要的意义，因此在其报告中，就把这四种学习能力的培养称之为教育的"四大支柱"。

四大支柱理论对中职计算机应用基础课程教学改革的作用和意义是：培养学生全面发展，使学生学会做人、学会求知、学会劳动、学会创造、学会生活、学会健体、学会审美。教师在教学过程中，不仅教授给学生计算机应用基础课程本身所要求的、必须让学生掌握的知识点，而且要让学生懂得如何用所学知识去解决实际问题。同时，要培养学生善于发现问题的能力，积极创新。

我国一直强调素质教育，教育目的是要让学生全面发展，这和四大支柱理论的宗旨是一致的。对于计算机应用基础课程来说，培养学生的动手能力、实践能力和创新能力，是本课程的最终教学目的。

（三）信息化教学设计的理论与方法

所谓信息化教学设计，是运用系统方法，以学为中心，充分利用现代信息技术和信息资源，科学地安排教学过程的各个环节和要素，以实现教学过程的优化。

信息化教学设计是以信息技术为支持的，但信息技术的支持仅仅是信息化教学设计的表面特征。它还有两个更为重要的、更为根本的特征，即以学生为中心，关注学生能力的培养和关注学习过程。这两大特征渗透到学习过程的各个要素中，形成了更具指导意义的设计原则：

1. 在教学过程中，注重情境的创设与转换

信息化教学设计应该注重情境的创设，使学生经历与实际相类似的认知体验。同时注重情境的转换，使学生的知识能够得以自然的迁移与深化。

2. 充分尊重学习工具和教学资源的多样性

信息化教学设计注重对信息技术工具和信息资源的使用进行设计。这些工具和资源应当同学生的主题任务相关，能够帮助学生完成问题解决的过程，促进学生的意义建构。比如，给学生提供与教学主题或问题相关的网络资源、典型案例，对学生的学习进行一定的指导和帮助等。信息技术工具和信息资源在信息化教学设计中具有不可替代的作用。

3. 以"任务驱动"和"问题解决"作为学习和研究活动的主线

该原则有几方面的含义：首先，学习活动的展开通常可以围绕某一问题或主题，这些内容通常来自现实学习和生活中的一些具体事例。其次，学习活动具有明确的任务性、目的性，学生知道为什么而做，教师的重点放在如何有效地引导学生方面。最后，现实中的任务与问题不同于强加给学生的学习目标或现成答案。学生通过对问题和主题的主动的探索活动体验学习的快乐，培养学习兴趣。

4. 学习结果通常采用灵活的、可视化的方式进行阐述和展现

在学习活动结束时，学生应当对自己的学习结果进行总结和展示，同他人进行讨论和协商，以加深对学习过程的理解和反思，这些内容通常以研究报告、演讲、讨论等形式展开。在这些过程中，教师应当对学生的学习成果进行必要的指导和帮助，帮助学习者更好地将学习成果展示出来。

5. 鼓励合作学习

信息化教学中，学习者通常是以小组或其他协作形式展开学习，在学习过程中互相帮助，共同完成某一项任务目标，实现"问题解决"。每个学习者在中间承担一定的任务，担当一定的角色，在学习活动过程中成为"学习者身份和意义的双重建构"。学生之间相互协作，共享他人的知识和背景，共同实现组织目标。

6. 强调针对学习过程和学习资源的评价

信息化教学设计是一个连续的、动态的过程，在学习过程中，教师通过不断地研究和质量评估，收集数据，使用过程性评价达到改进设计的目的。同时，由于信息化学习资源种类繁多，为了有效地利用信息化学习资源，也必须对资源进行优化选择。

评价一个信息化教学设计是否成功，可以考虑以下几个方面：首先，是否有利于提高学生的学习效果。其次，技术与教学相整合是否人性化。最后，教学计划的实施是否简单易行。

随着教育信息化的不断发展，出现了大量的信息化教学模式，目前常见的有Intel未来教育模式、Webquest模式、研究性学习模式、Miniquest模式、基于探究的学习模式、基于问题的学习及基于项目的学习，个性化学习等。这些模式虽然侧重点不同，但是都具有这样的共性：即学生带着任务进行探索学习的教学模式。

总之，信息化教育要起到发展学生高级思维能力、培养学生创新精神的目的，就必须做好信息化教学设计。信息化教学设计需要广大教育者在实践的过程中不断积累经验，不断反思，不断创新，只有做好信息化教学设计才能推动教育信息化的发展，才能使教育获得真正的使命。

四、数字化教学资源在中等职业教育"计算机应用基础"课程中的实践应用

（一）中职计算机应用基础课程的特点

笔者经过查阅资料以及与相关教师的分析，研究计算机基础教学的规律，归纳出中等职业学校计算机应用基础课程具有如下特点：

1. 工具性

"计算机应用基础"课程作为中等职业学校的文化课，教授对象是中职非计算机专业一、二年级学生，以及计算机专业一年级学生。

对于非计算机专业学生来讲，学生学习计算机的目的是为本专业服务，计算机将是他们今后工作中所用的一种现代化的工具，因此面向非计算机专业学生的计算机课程带有较强的工具性。在高教版《计算机应用基础》教材中，包括文字处理软件Microsoft Word、表格处理软件Microsoft Excel、数据处理软件Foxpro、网页制作软件Frontpage以及互联网信息浏览软件Internet Exploar等工具性软件的应用讲解。

2. 实践性

熟练使用工具的途径是不断上机实践，在教学中，计算机基础必须是以应用为出发点，加强实践教学，因此具有很强的实践性。

同时，有关计算机的组成、计算机的维护（查漏洞、打补丁）、计算机安全（防毒、杀毒）、网络拓扑结构、搜索引擎的使用等计算机理论知识也需要实践操作或演示，很多计算机知识都是在动手实践的过程中不断认识和提高的。

在实践过程中，教师要注意培养学生发现、解决问题的思维能力，锻炼学生的动手能力。

3. 可变性

计算机技术发展极端迅猛，而且综合性又极高，知识更新的速度之快让人目不暇接，新技术、新理论、新软件更是层出不穷。这就要求师生必须不断地给自己充电，特别是教师，作为学生学习知识的引导者，必须先行于学生，多途径、多角度，充分利用、获取各项教学资源，站在高于学生的位置帮助学生学习。

在计算机教学中，常碰到的问题是：软件版本的不断更新。例如Word文字处理软件，在短短几年中，已经出现了Word98、Word2000、Word2002、WordXP等若干版本，不同的版本导致软件的操作有所变化。而职业教育是紧密联系市场需求的，如果用人单位需要招聘会用WordXP的员工，那么在学校掌握Word98的学生得到这份工作就会有一定限制。

4. 层次性

专业的不同，对计算机的应用要求也不同，不可能按同一模式、同一要求、同一内容进行教学，因此，在教学上具有层次性。

对于财会人员，懂Excel是其必须熟练掌握的技能；对于文秘，应精通Word的操作技巧；对于广告设计人员，网页及多媒体制作工具是其谋生的手段；而对于商务营销，学会搜索引擎的使用以及了解电子商务的运营模式，是提高其工作效率的途径。

（二）中职学生的学习特征

学习者在进行新的学习时，其已有的知识、技能、情感水平和心理发展水平对新的学习的适合性是非常重要的。因此，在教学准备过程中，必须对学生对象进行学习者特征分析。

1. 中职学生认知发展特征的分析

根据皮亚杰的认知发展阶段理论，中职学生的认知处于第四阶段，即形式运算阶段。这个阶段的学生认知特点是：具备假设思维、演绎思维、抽象思维、系统思维，逐渐摆脱具体经验的支持，能够理解并使用抽象概念。

2. 学习者的初始能力分析

教师在开始上新课之前，最好通过分析学生以前学习过的内容、查阅考试成绩，或与学生、班主任及其他任课教师谈话等方式，获得学生掌握预备技能和目标技能的情况。如一些学生已经具备了一些方面的基础知识，在进入中职之前已接触了一些相关的学习……在生活中，同学们已经与计算机结下了不解之缘。

3. 学习者学习风格的分析

学习风格是学习者感知不同刺激，并对不同刺激做出反应这两个方面产生影响的所有心理特性。是学习者持续一贯的带有个性特征的学习方式，是学习策略和学习倾向的综合。

中职学生知道自身努力的重要性，同时也了解外控因素对成功的制约。中职学生文化课基础薄弱，起点比较低，同时，他们又处在一个竞争日益激烈的就业市场中。因此，中职学生知道自身努力的重要性：在学好文化基础课程的基础上，熟练掌握所学专业技能和操作，以期取得今后谋生的保障。

作为一个心智比较成熟的年轻人，中职学生也意识到外控因素对学习和工作的制约。例如，在数字化教学资源的使用过程中，学生将受益于大量丰富的、具有开放性的数字化课程资源的利用。学生在与资源交互的学习过程中可以探究、发现，提高自主学习的能力，同时又将生成更多有价值的资源，而教师是利用资源的引导者、开发者，教师可以根据具体的教学目标和内容选择数字化课程资源，同时，对资源进行二次开发。

4. 学习动机的分析

学习动机是学习者学习活动的推动力，又称学习动力。划分学习动机有很多种类，对于中职学生而言，影响和决定学习动机的因素很多，目前存在于大部分中职学生的学习动机有以下几种：

（1）认知内驱力：主要来源于中职学生对知识本身、特别是专业技能的渴求；

（2）自我提高内驱力：与主要目标为考大学的普高生相比，中职学生为了赢得社会地位，特别是同龄人对其的尊重；

（3）在分析行为结果的原因时，中职学生也会考虑四个主要方面原因：能力、努力、运气、任务难度，从而找到努力的方向。

基于以上的前端分析，中职计算机应用基础课程要求课任教师要摒弃传统的教学模式，根据认知理论的要求，充分发挥学生的主体作用，构建在教师指导下的以"学生为中心"的全新的教学模式。这种教学模式的核心在于，如何充分发挥学生在学习过程中的主动性、积极性和创造性，使学生在学习过程中真正成为信息加工的主体和知识意义的建构者，而不是外部刺激的被动接收者和知识灌输的对象；教师则应成为课堂教学的组织者、指导者，学生建构意义的帮助者、促进者，而不是知识的灌输者和课堂的主宰。在这种教学模式下，教材所提供的知识不再是教师灌输的内容，而是学生主动建构意义的对象；教学媒体不再是充当灌输的工具，而是用来创设情境，进行协作学习、讨论交流的认知工具和情感激励的工具。目前，我国中职采用的全新教学模式主要有：任务驱动式、主题式、研究学习式、探索式、分组协作式等多种形式。

（三）具体实践的应用过程

数字化教学资源作为信息技术的重要组成部分，在中职计算机应用基础课程的教学过程中发挥特有的作用。目前，我国各级各类学校大力提倡和探讨对信息化教学模式的研究和实践，着重研究数字化教学资源在计算机应用基础课程中的应用模式。

随着新技术、新手段在计算机教学中的应用，数字化教学资源的种类和应用范围逐渐增多，信息化教学模式的种类也越来越多样化。因此，我们应该根据社会发展和学生个人发展的需求，有意识地强调或倡导某些数字化教学资源在教学过程中的应用模式，以期对计算机类课程的教学提供客观标准。科学的、有探索意义的数字化教学资源应用的模式应该符合以下条件：有利于发展学生的信息素养；有利于变革学生的学习方式，使之走向创新性学习、自主学习、个性化学习和基于技术的学习；有利于培养学生的合作精神和可持续发展的能力。

根据以上标准，笔者试图构建数字化教学资源在计算机应用基础课程中应用的四种教学模式，使中职学校对现有的、可获得的数字化教学资源的应用有一个参考和借鉴。

1. 基于资源的主题教学模式

所谓基于资源的主题教学，是指学习者围绕一个主题，通过充分发掘和利用各种不同的资源，并遵循科学研究的一般规范和步骤而进行的一系列探究活动，其目的是为了让学习者提高问题解决、探究、创新等能力，促使学习者的学科素养和信息素养同时得到提升。

基于资源的主题教学模式具有五个基本特征：一是资源利用的广泛性，特别是多媒体、网络环境中应用的数字化教学资源的加盟，使教学资源更加多样化和数字化；二是具有主题性和主题的情境性，即学习者必须先将资源进行加工处理，内化为自己的知识，再利用知识来解决问题，这个加工处理的过程就是情境化过程，在基于资源的主题教学过程中，资源通过主题而聚集，经过学习者情境化后，才能服务于主题；三是具有跨学科性，将各门相关学科的相关内容综合利用，采用模拟、对比的研究方法，解决课堂实际问题；四是具有任务驱动性，在一个大主题的前提下，学生通过解决大问题带来的一个个问题而达到学习目标，特别是解决与学生自身生活密切相关的真实问题，容易使学生积极投入学习过程，使教学真正做到以学习者为中心，使学生获得一种成就感；五是探究性，探究是基于资源的主题教学中的核心手段、方式和方法，在教学过程中，强调自主探究和协作探究，让学生在问题求解的过程中学会综合利用知识、内化知识，倡导学生积极动手、动脑，使学生真正愿意学，体会如何学。

在建构主义理论的支持下，主题开发的前提是，围绕教学目标的实现，以学生为中心，充分调动学生的兴趣，让学生参与主题开发与探究，使学生在最开始就投入教学，让学生更具有责任心。主题应尽量与学生的生活实际紧密结合，

第五章 职业教育教学资源的设计创新与实践应用

以下列举几个计算机应用基础课程中的主题教学课题：以"人类离开电脑的生活设想"为主题的"计算机的应用领域"的教学，以"计算机病毒与生物病毒，谁更厉害？"为主题的"计算机病毒"的教学，以"我是网络舵手"为主题的"Internet提供的服务"的教学，以"关于计算机网络上的保密"为主题的"信息安全"的教学等。

在基于资源的主题教学模式的特征中提到探究性，指出探究是此模式的核心，在探究过程中，每个步骤都离不开资源的支持与参与，资源起到至关重要的作用，基于本部分重点探讨数字化教学资源的应用，在此仅列出相关的数字化教学资源（表5-1）：

表5-1 相关的数字化教学资源

步骤	所要解决的问题	数字化教学资源	资源的作用
明确问题	学习目标是什么； 问题的核心在哪里； 我对这个问题了解多少； 我知道在哪里可以找到有关的信息	电子资料、电子作品	提供分析的对象； 了解问题的研究现状； 提供指导和查询
实施组织探究	我将采取什么活动进行探究； 为什么选用这种活动类型； 是我一个人探究还是与他人合作； 探究的内容是什么； 我还需要哪些信息	电子课件、bbs、blog、网络、软件工具	提供探究环境、工具和方法； 提供指导； 提供合作伙伴； 提供探究对象
收集整理资料找出意义	我所收集的信息可靠吗； 这些信息有什么意义？有了这些信息，我能做什么； 如何使用这些信息； 它如何影响到我正在进行的事	电子资料、网络课件、搜索引擎、多媒体资料、积件	提供探究对象； 提供丰富论据； 提供指导和合作伙伴
形成问题解决方案	我思考的目标是什么； 主旨是什么； 我做了哪些问题假设； 这个观点是否论据充分； 我收集生成了哪些可行的解决方案	网络课件、积件、电子资料、软件工具	提供解决问题的方法； 提供指导和合作伙伴
探究结果展示交流	我得到什么结果； 我将以什么方式与他人交流	电子资料、多媒体资源、数字投影仪	提供展示和交流的工具； 提供交流对象和合作伙伴； 或提供指导

基于资源的主题教学设计模式为：主题介绍→任务分配→资源准备→主题探究→得出结论→验证结论（表5-2）。

表5-2 基于资源的主题教学设计模式

要素	基于资源的主题教学模式
主题标题	写出主题学习的名称
介绍	对主题进行简单的解说，并做总体性的概要说明。介绍中可以用复杂有趣的事情和精辟的语言吸引学生，也可以用案例形式创设情境

续表

要素	基于资源的主题教学模式
学科	主题单元所涉及的学科的种类，尽可能全部写出。例如： 学科1： 学科2：……
总体目标	具体详细地列出完成主题学习能达到什么样的知识目标、技能目标和情感目标
任务和问题	一个主题可以分解成多个具有操作性的任务或问题。这一部分要告诉学生需完成的任务或要解决的问题
资源	与主题相关的资源
活动过程描述	详细介绍完成任务和解决问题过程中开展的一系列活动。此过程也可以用流程图表示
主题学习评价	介绍整个主题活动中的评价内容和评价方式
主题成果展示	设计主题学习的各种成果的展示方法，例如多媒体展示、主题网站展示等

【案例1】基于资源的主题教学模式

主题名称：

计算机病毒与生物病毒：谁最厉害？

主题介绍：

分别播放两个视频，一个是有关"禽流感"生物病毒的报道，另一个是有关"我爱你"计算机病毒的报道。以此来创设情境，让学生对两种病毒有一个感官上的认识。

学习对象：

中职一年级。

相关学科：

学科1——生物学。

学科2——计算机科学。

总体目标：

知识目标：通过广泛地搜寻、收集计算机病毒的有关信息，让学生掌握计算机病毒的概念和特点；同时，让学生在分析信息的基础上，知道防治计算机病毒的方法，了解计算机病毒的危害。

技能目标：进一步使学生熟练信息搜索的方法；让学生有意识地使用信息工具去收集和整理信息；让学生至少会使用一种防治计算机病毒软件。

情感目标：培养学生计算机安全的意识，同时，使学生懂得合理地、合法地使用网络资源的重要性。

（一）任务分工

在任务分工之前，教师要向学生提出以下问题。

首先，询问学生："你对这个问题的最直接的想法是什么？你可以和同组的同学交流一下。"

其次，询问学生："你能够判断你的想法是合理的吗？你有证据来证明你的想法吗？"

最后，按照本课题所涉及的学科对学生进行分组，分组情况如下：

1. 计算机组：搜寻与分析计算机病毒产生及发作的相关资料，探究计算机病毒出现的原因，以及计算机病毒的特点与危害。

2. 计算机安全组：搜寻、整理计算机病毒的种类，探究其防治方法，总结各种计算机病毒防治预案。

3. 生物组：搜寻与分析生物病毒产生及发作的相关资料，探究生物病毒出现的原因，以及生物病毒的特点与危害。

4. 人类安全组：搜寻、整理影响人类健康安全的生物病毒种类，探究其防治方法，总结影响大多数人的生物病毒防治预案。

附：每一个小组将利用多种多样的数字化教学资源来探究有关信息，如通过网络搜索、电子资料的阅读以及其他方式获得信息。小组每个成员都必须在他们特定的任务中，认真负责地收集有关资料，以写试验记录的形式写出自己的摘要，每一个小组都必须完成有关的研究报告。

（二）收集、整理和分析信息

学生通过网络、数字图书馆以及其他媒体，了解并学习与计算机病毒、生物病毒相关的知识，知识点包括：计算机病毒与生物病毒的界定、计算机病毒与生物病毒的特点以及两类病毒的相同点、计算机病毒与生物病毒的危害、计算机病毒与生物病毒的防治方法。注意提醒学生，在网络浏览时请随时记录。

1. 学生搜寻、收集信息的途径

（1）学校数字图书馆；

（2）互联网。（网页地址链接）

2. 学生搜寻、收集的数字化教学资源种类

（1）两类病毒的文字及图片介绍；

（2）两类病毒的视频演示；

（3）两类病毒的危害程度的相关文字报道；

（4）围绕防治、战胜两类病毒的危害的数字影视；

（5）防治计算机病毒的相关软件。

3. 整理和分析资料

通过计算机网络或其他途径收集近两年来的计算机新病毒与生物新病毒，列出其中最主要的十种病毒的名称、类型、破坏目标、危害程度、受影响的操作系统、病毒的特征和病毒的防范措施等，将其填写在Word表格中。

（三）教学活动描述

1. 准备

开始研究前，先让学生打开Word，把它作为一个记录本，学生随时在其中记录和拷贝一些重要的信息，同时，学生也可以用它为自己的幻灯片或网页拷贝一些图片。学生可以先浏览学习过程中的全部内容，了解这一研究概况。

2. 开始

第一，每个学生先确定自己的观点，按照兴趣选择一个小组，利用列表网址链接进行探索，浏览这些网站上的有关信息，为回答收集资料。

第二，每个学生选择出自己认为最重要的观点，和自己的合作者必须选择计算机病毒或生物病毒的一种进行重点分析，并寻求资料的支持。

第三，学生随时用自己的"记录本"拷贝或写下能够帮助自己回答问题的信息。

第四，通过链接的网站收集与自己选定观点有关的资料与图片，拷贝和粘贴图片到自己的"记录本"上，为制作幻灯片和报告做准备。

第五，提醒学生注意完整地收集回答问题的信息，并在小组里讨论这些信息的可靠性与价值。

第六，学生要注意与别的小组合作，相互提供信息，寻求另类视角与资料的帮助。

（四）主题成果展示

首先，学生提供用Word编辑记录的有关两种病毒及其危害的表格，找出两种病毒的异同点。

其次，下载一种计算机病毒防治软件，查杀自己计算机硬盘和软盘上的病毒。

最后，学生用Word写一篇防治计算机病毒的报告。

基于资源的主题教学是以主题开发为前提，以活动探究为核心，以信息技术为支持，并从多维角度评价整个教学过程。在案例1中，整个教学过程围绕主题"病毒"进行探究，与主题有关的资源将通过各种途径、以多样化的形式呈现在学生面前，通过学习小组的协作活动，对其进行收集、加工和整理，以达到为教学目标所用的目的。

数字化教学资源在整个教学过程中起着非常重要的作用，它为基于资源的主题教学系统提供了资源、工具、情境、方法和策略等方面的支持。

数字化教学资源成就了以学生为中心的学习方式。学生按照教师提出的主题，运用各种信息技术手段，获取所需的资料，这些资料大部分以数字化形式呈现，在教师的指引和帮助下，学生对已有信息进行有意义的加工、处理，内化为自己的知识。在这种探究学习过程中，海量的数字化资源丰富、拓展了学生的思维，同时，学生借助数字化形式的学习工具，分析、总结学习进程，从而得出科学的结论。

2. 抛锚式教学模式

所谓抛锚式教学，是指在多样化的现实生活背景中，或在利用技术虚拟的情境中，运用情境化教学技术以促进学生反思，提高学生迁移能力和解决复杂问题能力的一种教学方式。抛锚式教学中的核心是"锚"，学习和教学活动都围绕着它来进行，其中，运用现代教育技术创设这个"锚"是目前"计算机应用软件综合技能"课程内容普遍使用的方法，主要包括两方面：一方面，依靠技术创设逼真的学习环境；另一方面，学生可以依靠交互式计算机、影碟光盘和互动网站等技术支持，不断地重访情境中的某个部分，并从多视角对问题加以揭示，使得学生的思考拓展到与教学内容相关的领域。

抛锚式教学模式来源于情境认知理论。情境认知理论是当代西方学习理论领域研究的热点，是研究人类知识如何在活动过程中发展，学习是怎样产生的一种假设。学生在缺乏情境下所获得的知识，往往是不具备实践作用的。情境认知理论的主要内涵包括：情境是一切认知和行动的基础；知识是一种应用工具，是真实的活动结果；知识是一种社会建构，并表现在人们的行动和共同体互动中；学习是一种积极参与学习共同体和积极互动的过程；强调资源的应用和知识的协作；教师的主要角色是帮促者。

本书从数字化教学资源的角度，根据课程内容的特点，采用设计与课程内容类似的问题与拓展问题，构建数字化教学资源环境下的抛锚式教学模式。

一般来说，抛锚式教学模式为：引入"锚"→围绕"锚"展开教学活动→拓展→问题求解→分享结果（表5-3）。

表5-3 抛锚式教学模式

步骤	抛锚式教学模式
引入"锚"	设计生成性的情境。在本案例中，采用数字化教学资源创设情境，用一根主线将问题融入其中，使学生沿着主线求解复杂的问题
围绕"锚"展开教学活动	本案例中，学生通过数字化教学资源，了解Word排版的构图
拓展"锚"	创造机会，使学生拥有更多的自主权进行独立探究或小组探究，围绕问题查找、探究相关的信息，这些信息或许存在于情境本身，或许存在于相关的外部资源上
运用已有知识作为问题求解的工具	本案例中，学生是在掌握了Word文字处理软件的各个模块的基础上，进行Word排版综合训练的
共同分享所学内容	学生将他们对"锚"问题和拓展性问题探究结果呈现出来，从不同的角度探讨解决综合问题的策略，深层次地理解学习内容，从而为学习共同体作出贡献

【案例2】抛锚式教学模式

教学课题：

word图文混排。

锚：

与"黄河"有关的数字化教学资源。

教学对象：

中职二年级学生。

学习环境：

中职计算机应用基础课堂。

学习计划：

本单元将运用抛锚式学习Word图文混排。本主题学习使用多个"锚"，以数字化形式向学生展示黄河多姿多彩的风貌，特别是向学生介绍黄河唯一穿城而过的城市兰州以及黄河被污染的现状，借以引发学生对家乡的热爱和对环境保护的注视，本单元利用这些锚作为学习的催化剂，促进学生主动探究和解决问题。学习结束时，学生能根据学习内容完成相关的主题创作。

教学目标：

知识目标：通过情境的创设，在提高学生的学习兴趣和探究能力的前提下，让学生进行有目的的学习，使学生熟练掌握Word图文混排的制作方法和制作技术。

技能目标：让学生学会使用搜索引擎；使学生有意识地进行版面分析和创作。

情感目标：培养学生热爱家乡、保护环境的情感。

（一）教学准备

本次教学的主题是"黄河从我家门口流过"，旨在通过向学生展示各类数字化教学资源，激发学生创作的欲望和情感。创设情境所用到的数字化教学资源列表如下：

1. 视频：天下黄河第一桥
2. 图片：金城兰州
3. 音频：黄河颂
4. 网页：黄河污染

（二）情境创设

1. 音频：播放陕北民歌——天下黄河九十九道湾，极富有民族特色的歌曲，让学生感受到黄河的独有魅力。

2. 图片展示：向学生展示九曲黄河蜿蜒在祖国大地上的图片，注意要展示黄河比较有名的各类图片，如虎口瀑布、黄河入海口等。同时，全景展示黄河经过的省份，最好是电子地图。最后，推出大镜头，展示黄河唯一穿城而过的城市——兰州。

3. 视频：让学生观看介绍金城兰州的VCD，感受黄河给予这个城市的文化和活力。

4. 图片：锁定黄河铁桥，展示图片（最好是学生自己用数码相机拍摄的），说明此桥对家乡兰州的历史和现实意义。

5. 网页浏览：旨在唤醒学生对制止黄河污染、保护家乡环境的意识。同时，让学生思考问题：如何从自己做起，保护黄河母亲，保护环境。

（围绕"锚"展开教学活动）

根据学生自己对本课题的理解，以"黄河从我家门口流过"为主题，要求学生从不同角度表现自己对此主题的认识，有条理地规划自己的设计。

首先，利用搜索引擎，收集有关黄河以及家乡的资料，注意图片、音频以及视频的保存方法。

其次，教师讲解Word图文混排的难点，讲授几个在处理过程中解决问题的特殊案例。

再次，学生制作作品，教师随时指导。

从次，运用已有知识作为问题求解的工具。

最后，共同分享所学内容。

（三）教学成果展示

"黄河从我家门口流过"Word小报。

教师和学生共同点评，并评选出最佳作品、最有创意作品等奖项。本案例中，教师利用多种形式的数字化教学资源，为学生创设学习情境，激发学生的创作欲望、提高学生的学习兴趣，很好地培养了学生的创新意识和创新能力。

在教学过程中，教师利用数字化教学资源创设情境，给学生提供了超文本、音频、视频等数字化资源，使得教学环境很生动；同时，由于数字化资源的可重复利用的特征，学生对资源可以进行重复性的使用和跳跃。在这种教学过程中，教师的行为发生了很多变化：教师在课堂教学中更关注学生主动探究而不是灌输；教师通过广泛地搜集多种学习材料，来支持学生的学习；教师也开发了一些与主要问题相关的拓展性问题，有利于拓展课堂内容；教师不仅要注重学生的学习结果，更要注重评价学生的学习过程。

同样，学生的行为也发生了相应的变化：所有的学生都积极地参与活动；学生在学习过程中，独立地进行思考，开展自评，通过反思促进自身发展。

3. 基于问题解决的教学模式

所谓基于问题解决的教学是指基于问题的学习模式。它是把教学置于复杂的、有意义的情境中，通过让学生以小组合作的形式共同解决复杂的、实际的问题，来学习隐含于问题背后的科学知识，发展学生解决问题能力的一种教学模式。

基于问题的教学模式流程包括问题情境、分析问题、形成解决问题的假设、确定所需信息、对所获得的信息进行整合、形成最终解决方案等环节。在数字化教学环境下，信息技术支持的基于问题的学习模式分为五个环节：提出问题、分析问题、解决问题、结果展示、学习评价。本案例中，学生通过教师制作或提供的多媒体课件，加深对问题的理解，同时，按照课件的提示，对所学课程内容进行实践和巩固，教师在教学过程中起指导、帮助的作用。

基于问题的学习模式有三大基本要素：问题情境、学生和教师。教师作为指导者，是学生的榜样，教师向学生提出问题，以多种方式鼓励激发学生的思考，使学生保持持续参与，使学习进程顺利进行。同时，学生作为问题的主动解决者，要利用数字化教学资源等手段，积极参与、投入到学习中来。此模式中，数字化教学资源以其不同的表现形式，作为学生初始的挑战和动机，吸引学生主动探究和解决问题，建立后续学习的需要和联系。

与传统教学模式相比，在基于问题解决的学习模式中，教师地位、学生角色、媒体作用等方面发生了深刻的变化。教师是教学中的引导者、帮促者、合作学习者，教师主要组织学生相互合作，以指导学生获取解决问题的策略，学生以小组的形式进行协作学习，主动参与整个协作学习过程。媒体以及教学资源，主要用于学生获取、处理信息和解决学习问题的认知工具。

基于问题解决的教学模式为：提出问题→设计方案→搜集资料→得出结论→验证结论（表5-4）。

表5-4 基于问题解决的教学模式

步骤	基于问题解决的教学模式
创设情境，提出问题	教师充分利用各种信息技术，提出引导性问题，帮助学生明确所要解决的问题
界定问题、分析问题	对问题进行分析，确定问题解决方案
探究、解决问题	利用教学资源提供的认知工具，探究、解决问题
评价、反馈	解决方案

（1）创设情境，提出问题

本案例中，教师利用多媒体课件，提出引导性问题。对于提出的问题要符合以下要求：①与学生密切相关，能够引起学生学习兴趣；②使学生清楚整个学习的重心、焦点；③问题有一定的难度，使学生在教师提出的问题的基础上，针对问题情境，进一步提出更多的细化问题。

(2) 界定问题、分析问题

首先，学生通过课件所描述的问题，经过仔细思考，进行分析，在小组内讨论，反复检查自己对问题的理解正确与否；其次，在分析问题情境的基础上，确定问题的实质所在，找到问题的本质；最后，列出已经知道的信息，明白解决问题的所在。

(3) 探究、解决问题

本案例中，学生通过教师制作的课件，首先，了解到机器人门卫的工作内容，明白程序设计的意图；其次，能够按照课件提示和引导，进行分支结构的程序代码编制；再次，让学生通过课件的自检程序，测试自己的知识掌握水平；最后，通过课件提供的多种问题扩展，逐步掌握、探究分支结构程序设计的思想与方法。

(4) 评价、反馈

【案例3】基于问题解决的教学模式

主题名称：

"机器人门卫"——程序设计VB的分支结构。

教学目标：

知识目标：通过教师制作的课件，首先，让学生了解机器人门卫的工作内容，明白程序设计的意图；其次，使学生能够按照课件提示和引导，进行分支结构的程序代码编制；再次，让学生通过课件的自检程序，测试自己的知识掌握水平；最后，通过课件提供的多种问题扩展，逐步掌握、探究分支结构程序设计的思想与方法。

技能目标：让学生学会运用分支结构设计程序；使学生拓展自己的知识面，提高自己用程序解决实际问题的能力。

情感目标：培养学生热爱科学以及理论与实践相结合的意识。

(一) 教学活动描述

1. 课件功能

用flash动画模拟机器人门卫的工作情况；

用电子文本形式提示VB分支结构设计要点；

电脑教你设计程序；

学习测评，通过填空、选择来巩固学生的学习结果；

内容扩展，把程序做修改，让学生自己动手做。

2. 开始

首先，让学生了解机器人门卫的工作内容，明白程序设计的意图。

学生根据课件中提供的flash动画模拟的机器人门卫的工作情况，明白程序设计的意图，知道"判断来人密码输入是否正确"是机器人门卫主要执行的任务。

其次，使学生能够按照课件提示和引导，进行分支结构的程序代码编制。

教师引导学生绘制该程序的流程图，提示学生：机器人在"判断来人输入密码是否正确"后，应按照判断结果，分别执行相应的具体指令。同时，在学生初次接触分支结构时，学生可以通过课件提供的"电脑教你设计程序"模块，进行学习编程，学生在课件的提示和指引下一步步完成代码编制。

在这一过程中，学生还可以随时调用课件提供的电子文本"VB分支结构设计要点"，让学生发现自己设计的不足，随时修正。

再次，让学生通过课件的自检程序，测试自己的知识掌握水平。

学生在初步掌握分支结构程序设计后，为了巩固、加深学生对所学知识的掌握，学生可以利用课件中所提供的各类练习辅助、支持自己的学习。课件中所涉及的题型可以是填空、选择或问答，如果教师有时间和精力，也可以开发一些益智性的小游戏。

最后，通过课件提供的多种问题扩展，逐步掌握、探究分支结构程序设计的思想与方法。

学生学习的主要目的是实践应用，对于程序设计的某一结构模块，其重点不是掌握某条指令如何写、某条命令如何用，重点是要让学生会用所学结果模块解决实际问题。但是，实际的问题总是错综复杂的，教会学生如何从中梳理脉络，理清问题重点、难点，是教师的最主要任务之一，而通过课件提供的对多种问题的扩展，让学生逐步掌握、探究分支结构程序设计的思想与方法，是一条不错的途径。

（二）教学结果

学生调试成功的程序。

本案例的任务是模拟忠于职守的2号机器人做门卫工作。它能够根据相关数据判断来人是否是主人，由判断结果作出不同的反映；还能根据来客信息，判断来客是谁，并通报来客的基本情况。

学生通过flash动画了解程序设计意图，特别是设计如何让机器人明白指令。教师制作课件，该课件表现几个方面：一是结果显示；二是VB分支结构设计要点；三是电脑教你设计程序；四是学习测评，通过填空、选择来巩固学生的学习结果；五是内容扩展，把程序做修改，让学生自己动手做。

在这里，课件作为数字化教学资源，是学生的认知工具，帮助学生理解、探究问题和解决问题，难点在于课件制作要以教学重点和难点为目标，否则教学作用不明显。

4. 基于网络协作学习的教学模式

网络协作学习是利用计算机网络以及多媒体等相关技术，由多个学习者针对同一学习内容彼此交互和协作，以达到对教学内容的掌握与拓展的过程。它具备以下特点：

第一，突破时间和空间的限制：在网络环境下，协作学习的对象可以是不同的人，协作圈里会产生各种形式的交互，使学生获得不同程度、不同形式的经验，这有助于学生之间进行更为有效的信息组织，以提高沟通效率、提升交互质量。

第二，全面地展现问题情境：通过创设问题情境，进行问题解决学习，能激发学生参与思维，发现探索，促进积极的意义建构。

第三，交互的可控性：在传统教室环境下进行协作学习，经常会遇到教师角色由协作变成主控的情况。在网络协作环境中，协作的建立是由计算机相关技术搭建的协作平台实现的，本案例中，学生就是通过专题网络学习网站进行交互学习的，这样，师生、生生之间就不能脱离此平台实现学习目标，因此，保证了学习的稳定和控制权的合理分配。

第四，简单化复杂的工作：由于信息技术的支持，协作学习过程中所遇到的类似言语信息记忆、资料分类、数据计算整个复杂的底层工作得以简化，使学生集中精力用于分析、决策、探索、检测和评价等高阶认知活动。

第五，丰富的网络资源：数据库技术、网络技术、人工智能技术等各种现代化的先进技术手段使网络协作环境拥有丰富的数字化资源，其中包括可供学生选择的、丰富的和随时可得的、与问题解决有关的各种信息资源。

随着网络技术及通信技术的发展，支持协作学习的网络工具也日益丰富，实时、动态、可视化成为网络协作学习的发展趋势。目前，网络协作学习的技术实现方式很多，常用的有BBS、E-mail、网络聊天室、新闻组pc-to-pc的IP电话以及blog。

blog又称"博客"，是一种基于web的应用系统，用于提供用户以日志方式发布网页。blog技术作为日益成熟的教育教学辅助工具，对弥补中职学校教育资源不足、促进教学过程的互动有着重要的意义。其中，blog具备的分享功能可以促进协作学习。

例如，学生通过blog，发表自己的作品，在与其他小组共享成果的同时，还可评价他人的作品、发表自己的建议，这使得学生可以在群体的分享与交流中对所学知识有更进一步的认识。

建构主义教学设计应用于网络协作学习中的方法可按如下步骤进行（表5-5）。

表5-5 基于网络协作学习的教学模式

步骤	基于网络协作学习的教学设计
建立网络协作学习的目标	网络协作学习的目标是系统性的，一般将协作学习的总体目标分解为许多子目标
选择网络协作学习的内容	学习者面临的学习任务主要为问题解决和设计，强调小组以及各成员对子目标的实现
确定网络小组的基本结构	在教师的指导下，根据学生的学习特征，划分学习小组
创设网络协作学习环境	协作学习环境的设计主要指依据学习的主题、协作学习目标、参加协作学习的人数来选择学习系统的类型、规模、性能以及技术支持方式等
准备网络协作学习资源	在资源设计中应遵循几个原则：一是，信息量要够，且要与所学的内容密切相关；二是，资源结构要合理，要能够满足不同程度学生的需要；三是，资源的表现形式要多样，要便于检索和查找
策划网络协作学习活动或过程	这是网络协作学习的核心，主要围绕学习内容展开，并根据学习内容采用不同的活动方式
作品展示	以多种方式展示学生作品，供交流和学习

【案例4】基于网络协作学习的应用

教学课题：

电子贺卡的制作——多媒体制作。

（一）网络协作学习的目标

1. 使学生了解"电子贺卡"的功能、区分"电子贺卡"与"传统贺卡"的不同。

2. 使学生按照自身的计算机技能水平，设计、制作多媒体作品电子贺卡。通过专题学习网站，让学生掌握多媒体制作方法和制作技术，使学生学会利用网站资源解决问题。

3. 使学生在与他人通过专题学习网站协作探究、协作创作的过程中获得成功的体验。

（二）分析学习者特征

1. 中职二年级的学生，思维活跃，求知欲、探究性强，想象力丰富。

2. 学生已掌握上网的基本技巧与方法，具备一定的搜索、分析和处理信息的能力。

3. 学生已具备处理音频、视频以及文字的技能。

4. 学生可以在教师和专题网站的引导下，有序地开展小组讨论，具备一定的合作探究、解决问题的能力。

（三）确定网络协作小组的基本结构

按照学生所设计的电子贺卡种类以及个人的计算机技能专长，把全班35名学生按5人一组编排，共7组。学生分组后，小组成员可以与学习同伴、教师展开协作，在网络计算机环境的支持下，共同面对"电子贺卡制作"这个主题。

（四）创设网络学习环境

1. 学生以多媒体网络计算机为媒体工具与他人合作。

2. 学习过程以专题学习网站为平台。

3. 利用"班级QQ群"、教师申请的免费"weblog"等，小组内部成员以及小组之间可以互动，如发送建议、文件共享、资料上传与下载等。

（五）准备网络协作学习资源

1. 专题学习网站建立的宗旨是：立足教学主题，面向学生，为促进学生自主学习提供网络环境。本网站的内容主要是中职计算机应用基础课程中的PPT多媒体制作相关知识，根据计算机应用基础教学大纲，结合同步的PPT多媒体制作课程内容而进行知识拓展性的研究性学习。网站有鲜明的主题，即PPT多媒体制作的研究性学习，同时，注重充分发挥网站作为论坛、交流桥梁和良师益友的作用。

"电子贺卡制作"专题学习网站的内容模块按照学习目标，主要分为贺卡制作工具、精美贺卡赏析、作品打包以及常见问题四部分（表5-6）。

2. 电子贺卡库：由教师提供。

表5-6　电子贺卡制作

贺卡制作工具	精美贺卡赏析	作品打包	常见问题
图像工具	贺卡赏析		
视频工具	视频搜索	作品打包	作品上传
音频工具	音频搜索	工具使用	搜索引擎
文字处理	书籍资料		

（六）教学活动描述

1. 问题导入："传统贺卡"与"电子贺卡"

（1）"新年即将来临，同学们打算用什么方式祝福亲朋好友呢？"

（2）构成"贺卡"的元素有哪些？

（3）"电子贺卡"的特点。

2. "电子贺卡"的设计与制作

（1）确定"贺卡"类型

各个小组通过"专题学习网站"提供的"精美贺卡赏析"，帮助他们确定小组自己的贺卡类型。同时，根据小组成员的计算机技能水平，确定贺卡的音频处理者、视频处理者、图像处理者以及文字编辑者。

（2）设计制作"电子贺卡"

首先，手工绘制贺卡的图样，对组成贺卡的各个元素进行标定，让每个元素设计者清楚自己所处理对象的内容以及要求。

其次，按照分工，小组成员分别在"专题学习网站"提供的"贺卡制作工具"

中学习如何制作音频、视频、图像并进行文字编辑，可以选择一种媒体制作工具。

再次，小组成员利用"专题学习网站"提供的"贺卡素材"，保存、下载所需要的素材，对它们进行编辑、加工处理，制作组成贺卡的一个元素。在制作过程中，学生解决问题的方法至少有两种：一是参考专题学习网站的"常见问题"，教师根据自己的经验链接了大部分多媒体制作常见问题解决方案。二是小组之间制作相同贺卡元素的学生，可以通过"班级QQ群"探讨元素的制作方法，共享自己的制作心得，同时，教师也可以在"班级QQ群"上答疑学生的问题。

最后，小组把各个成员设计的贺卡元素集成，完成电子贺卡的制作，并通过"专题学习网站"提供的"作品打包"和"作品上传"模块，把小组作品上传到"电子贺卡库"中。

3. 作品展示与交流

将学生作品展示在"电子贺卡库"中，鼓励学生之间展开匿名初评。

可将学生的作品作为一种教学资源，以启发其他学生的思维。

本案例中，主要应用了专题学习网站、班级QQ群、blog电子贺卡库，实现网络协作学习。在教学过程中，学生的学习态度很积极，思维活跃，数字化教学资源体现了其应有的价值，笔者的体会有以下几点：

第一，教师的角色转变。

教师由主动灌输变为教学辅助，由教师自己设计制作的"专题学习网站"，反映了教师对整个教学过程的把握和设计，学生根据自己的需求，在此网站中找到支持和帮助，而教师则可以通过学生的问题，了解学生的学习进展和知识掌握程度，从而更好地指导学生。

第二，学生的角色转变。

网络协作学习体现了以学生为中心的教学理念。在教学过程中，学生是主导，他们根据自己的需求，利用教师提供的网络平台和交流平台，学习、制作作品，交流学习心得，共享学习成果。

第三，模式应用范围。

不同的教师有不同的教学方法和理念，笔者认为以下"计算机应用基础"课程的内容还可以借鉴网络协作学习的教学模式，它们是：Word图文混排、Excel图标制作、演示文稿制作、网页制作等。

第四，此模式的不足。

由于目前我国成熟的专题学习网站比较少，所以，教师要采用基于网络协作学习的教学模式，除了对教师整体把握教学内容的水平有所要求外，还对教师的信息素养和计算机能力要求较高，这需要教师进行信息技术方面的培训和学习。

第二节 面向电气工程专业的职业教育"理实一体化"教学资源的设计和开发

一、"理实一体化"教学与教学理论基础

(一)"理实一体化"教学

"理实一体化"教学是"理论教学与实践教学一体化"的简称,自20世纪90年代被提出来之后,在职业教育领域得到了充分的认同和推行。理实一体化教学模式最早可以追溯到美国大教育家约翰·杜威(John Dewey)提出的"做中学"教育理论,他对知与行的关系进行了充分的论述,在 School of Tomorrow 一书中,他明确提出:"从做中学的学习方法比从听中学的学习方法更好",认为学习必定要知行合一。"理实一体化"教学模式从实践操作上看则是借鉴了德国"双元制"教学模式,并在此基础上改进并发展出来的新型的教学方法。

"理实一体化"教学是一种突破传统理论教学与实践教学相分离的机制的指导思想,将理论教学与实践教学有机地结合在一起,解决了传统教学中理论和实践相脱节的现象,其教学过程要有一定的项目作为载体,并以学生为主体,教师充分发挥其主导作用,师生双方共同完成教学任务。其基本内涵是:充分利用现代化教育信息技术,将理论、实验、实践等教学内容进行融合;授课、听讲与实践操作等教学形式无缝结合;将教室与实验室等讲学环境进行有机整合;知识、技能与综合素质等集中训练;由此形成知识传递、技能锻炼、综合素质培养一体化教学模式。

(二)教学理论基础

1. 人本主义

人本主义学习理论流行于20世纪50—60年代,该领域的代表人物是美国著名社会心理学家马斯洛与美国应用心理学家罗杰斯。马斯洛的主要贡献是提出了需求层次理论,把人的需求分成了低层次的"生长需求"与高层次的"成长需求","生长需求"包括:生理、安全、归属与爱的需求,"成长需求"包括:认识、审美和自我实现的需求,而学习就是自我实现欲的一种表现形式。

罗杰斯认为,在人类的精神世界当中,有两个重要的组成部分:情感与认知。他提出了"以人为中心"的理论核心,教育目的培养的"完人"就是指,既能用情感方式也能用认知方式的情商与智商融于一体的人。罗杰斯把学习分成了

无意义的认知学习与有意义的经验学习,因此,他提倡学习者要进行有意义的经验学习,才能真正满足个体的需求并促进个体的成长。

马斯洛与罗杰斯都认为,心理学探讨的对象应该是一个完整的个体,而不是人为地将个体根据其属性进行划分模块,只针对具体模块进行分析。他们还认为,研究心理学的真正方式应该是学习者通过第一人称视角,自己对自己学习行为的反思,从而不断进步。

人本主义理论特征是"以人为本",强调人的潜能发展、人的身心与情感的发展。因此,人本主义学习理论特别关注人的自我实现,认为每个人都具有发展自己潜力的能力和动力,个体可以自由地选择自己发展的方向和价值,并对自己的选择负责。人本主义的主要贡献是把学习者个体提到了教育的首要地位,突破了现存教育制度的约束,促进了学习方式的变革,打破传统的认知心理学与行为主义的研究方向,对个体的学习理论进行了重新建构。

2. 活动理论

活动理论是以"活动"为逻辑起点和中心范畴来研究并解释人心理的发生发展问题的心理学理论。活动理论发展至今经历了三个发展过程。第一代活动理论的核心是维果茨基提出的中介思想,强调人类语言能够影响人类的心理进而控制人类的活动。第二代活动理论主要由维果茨基的学生列昂节夫来领导,在经过大量的试验之后,列昂节夫提出了活动的三个水平模式:活动、行为和操作。第三代活动理论出现在20世纪70年代的末期,西方的研究者开始介入活动理论的研究,其中贡献最大的是芬兰学者恩格斯托姆提出的活动模型理论。在此之后,活动理论开始强调发展概念上的工具来理解对话、多重观点和相互活动系统的网络。

活动理论讨论了实践活动的重要性,强调了通过社会历史性的角度对人的心理发展进行研究。同时,活动理论还对学习环境的设置产生非常重要的影响,从新的角度来进行教学设计,研究学习的过程和结果。本部分通过设计可供学生操作的硬件资源来担当活动理论三角模型中的工具的角色,并连接学生个体、学生群体与教师。

二、面向电气工程专业的职业教育"理实一体化"教学资源具体设计

(一)"理实一体化"教学资源的设计原则与建构模型

1. "理实一体化"教学资源的设计原则

为了满足教师课堂教学的使用以及学生自主学习的需求,同时保证教学资源的有效性和合理性,"理实一体化"教学资源的设计应遵循以下四个原则:

（1）教育性

作为一种教学资源，其核心功能是服务教学，且促进教学是其出发点，也是其追求的价值重点。教学资源设计的最终目的就是要最大限度地发挥其教学功能。教育领域是教学资源设计、开发、应用的基础与根本，因此，教学资源的设计必须从教育领域的需求出发，解决目前教育领域中存在的问题。同时，教学资源体系中，课程资源的设计、教学软件的设计、硬件资源的设计都应该从新时代的学生观、教师观以及教育观出发，真正做到为教育领域服务。

（2）系统性

教学资源体系里，课程内容、软件、硬件等个体并不是互相独立的，而是相辅相成、相互关联的。软件设计要紧扣课程内容，同时硬件设计又要尽可能地为软件功能提供支撑，最终形成一个教材、软件、硬件一体化的教学资源。

（3）交互性

教育是人与人之间的一种交流和沟通，并非仅仅是学科知识的单项传送与灌输，教学资源的设计一定要避免成为知识灌溉的工具，而应该成为学生与教师之间联系的纽带，充分发挥学生的主动性和积极性，发挥教师的引导作用。教学资源应该能根据教师的教学内容进行直观的反馈，同时也应该根据学生的学习情况进行及时的反馈。

（4）实用性

教学资源作为学校学生和教师日常使用的工具资源，必须要具备实用性。首先，功能要满足日常教学的需求，如知识点呈现、教师备课、学生实践操作等。其次，教学涉及的软件和硬件必须稳定，教学本就是一个动态的连续的过程，这要求不论是软件还是硬件在教学过程中，必须要持续地满足教学的需求。最后，硬件资源的设计必须严格按照标准，确保教师或者学生在使用过程中的安全。

2. 面向电气工程专业的"理实一体化"教学资源的建构模型

电气工程是一门开放的综合性专业，它涵盖了电工、电子、电机、电力系统、自动控制、计算机等多个技术领域，比较强调学生的实践操作能力。因此，电气工程专业的"理实一体化"教学资源的设计要依据"理实一体化"教学模式的意义和特点，并以一体化的思想，将课程内容、软硬件资源以及技术支持方案三方面有机地联系起来，"理实一体化"教学资源的模型设计既要考虑学生的"学"，还得考虑教师课堂的"教"以及课后的备课需求，且要突出教师的课堂引导作用和"理实一体化"课件的制作能力，同时还得强调学生的主体作用与学生自主学习的能力。

教师在课前通过虚拟仿真插件将虚拟仿真资源与"理实一体化"课件结

合起来，将丰富的虚拟仿真资源以课件的形式在课堂上展现。教师在授课过程中，需要根据课程内容演示相关实验操作，这时候需要辅助教学的硬件资源的参与，硬件资源与虚拟仿真等软件资源的数据交换则通过无线Wi-Fi模块来实现。整个教学活动过程中，课程内容始终与软件资源和硬件资源紧密结合，课程的知识点和技能点都是通过虚拟仿真资源、硬件资源实际演示和操作等方式实现与学生的交互。学生作为课堂活动的主体，既能够在课堂上观察虚拟仿真资源的演示、虚拟仿真资源与硬件资源的交互，还可以完成动手操作硬件资源，获得直接经验。

（1）一体化课程内容

设计良好的课程内容可以加速学生的学习进程，"理实一体化"的教学模式的特点是强调课程内容要与学生的技能点、实践操作紧密结合。因此，在设计面向"理实一体化"教学的职业教育教学资源的时候，必须考虑课程内容与教学设备和软件的契合性。课程内容的设计要打破传统教材的结构形式与内容组织模式，提炼课程内容的知识点和技能点，并将这些知识点和技能点作为软件设计和硬件设计的核心。同时利用精心设计的动画和实验加速学生对知识点和技能点的吸收。

本部分采用理实一体项目化课程设计模式，打破传统以"知识"为基础的课程设计模式，真正以"能力"为本位来设计课程，以项目作为课程内容的支撑。项目化课程设计需要满足以下几个原则：

①遵循以学生为中心的学习模式，教师主要起引导作用；

②项目的选择要有较强的针对性；

③项目中每个任务的设计能完美体现课程的知识点和技能点；

④需要为学生创设一个协作学习的环境和一定的学习情境。

（2）一体化软硬件资源

在传统教学资源中，软件资源和硬件资源的设计是相互独立的。因此，学生在使用这两方面的资源的时候处于两个不同的环境中，于是两种资源涉及的知识点和技能点就不能形成一个合理的交集，两种资源不能很好地相互配合，两方面知识的融会和贯通对学生来说有一定程度的困难。

本部分将虚拟仪器技术引入到了面向"理实一体化"教学资源的软硬件资源设计过程中，将计算机强大的运算和图形表现能力与硬件教学设备的数据采集和活动反馈进行了有机结合。通过软件的方式，既扩展了以硬件的功能，又提高了传统硬件的数据处理能力。同时，软硬件的设计要紧密围绕项目化课程的知识点和技能点，根据每个项目的具体任务内容针对性地设计教学实验。硬件设计采用模块化的设计思想，通过预留接口实现可插拔的方式扩展硬件功能，软件端采用面向对象的设计思想，实现高内聚低耦合代码模块。软件和硬件通过无线Wi-Fi模块进行连接。教师可以利用硬件资源进行课堂演示，学生也可以利用硬件资源进行自主实践练习。

（3）一体化技术支持方案

在整个"理实一体化"的教学过程中，教师需要进行知识点和技能点讲解以及课程进度推进，并在调动学生的积极性和主动性方面发挥重要作用，同时，教师还要起到为学生的自主学习创设情境的作用。因此，教师在整个教学过程中处于一个组织者的角色。

以往在"理实一体化"教学模式下，教师不仅要将"理实一体化"的思想在课堂上体现，课后还需要通过一定的精力和技术手段来制作"理实一体化"的课件来满足课堂教学的需求。因此，为了使教师能够将大部分精力集中到课程内容与上课互动环节的设计上面，本部分将虚拟仿真资源通过PPT插件的形式进行集成，简化"理实一体化"课件的流程。

传统的教学课件以PPT为载体，PPT课件可以播放动画、声音等音视频效果，但是碍于技术的局限性，无法做更多的功能扩展。本部分在设计"理实一体化"教学资源的时候，考虑到要保留传统教师的课件设计习惯，不为他们添加额外的技术负担，专门为PPT开发了一体化的插件，通过该插件可以插入一些虚拟仿真资源，实现与软件以及硬件通信的功能。

（二）"理实一体化"教学资源的课程设计

面向电气工程专业的职业教育"理实一体化"教学资源的课程内容设计以项目为导向，其核心教育理念是基于建构主义之上，与传统的教育教学思想相比有很大的区别，主要将传统教学过程的三个重心进行了迁移，从以教师为核心迁移到了以学生为核心，由以课本为核心迁移到了以项目活动为核心，最后以课堂为核心迁移到以实践、探究为核心。以项目为导向的课程设计主要有以下几个步骤：

1. 确定课程目标

课程目标是指课程在教学过程中要达成的目的，是希望一定教学阶段的学生通过某门具体课程的学习之后，在知识、技能和态度方面达到的程度。然而，每个学生都是不同的独立个体，每个人的知识结构与能力掌握情况都是不一样的。因此，并不是所有学生学习了同一门课程之后所产生的变化都一样。学生在建构新的知识结构和能力基础的过程所经历的变化都是不一样的，其学习效果都是有差异的。因此，不同的学生个体会存在着差异。所以，课程目标只能是我们预期的学习结果，而不是最终的结果。

尽管课程目标并不能决定每个学生的学习结果，但是课程目标的设定却是有必要的。它可以为每个学生规划好课程的学习方向，让学生可以对照自己对课程内容的掌握情况。同时，课程目标也是对学生学习效果的一个评价指标，预先设定了学生在确定学习结束后应该产生怎样的变化，并更好地组织课程内容。

本部分采用的课程目标设定，主要从职业能力视角出发，以专业能力、方法能力和社会能力作为课程的主要设计目标，如表5-7所示：

表5-7 课程目标设定

课程目标		
专业能力	方法能力	社会能力
利用专业知识和技能独立的完成工作任务、解决问题并评价成果的热情和能力	独立学习、获取新知识的能力，还包括制订计划、质量控制和管理能力、评价能力；是人的基本发展能力	与他人交往、合作、共同生活和工作的能力，包括人际交流、团队协作、劳动组织能力等，是人的基本生存能力和发展能力

2. 将课程内容划分模块

"模块课程"最早出现在20世纪的60—70年代有关职业教育的教学中，如MES（模块技能组合课程模式）以及CBE（能力教育体系）。模块课程的思想是从工业生产中将零件拼装成特定模块的做法而衍生的，需要将内部严密逻辑联系起来、学习方式的需求要与教学目标一致的教学内容联系在一起，构成小型化的模块课程。本部分所指的模块与传统课程内容的章节或者单元有所不同，这里的模块指的是一门课程的重要组成部分，依据课程知识点或技能点归类，将学习目标相近的课程内容划分到一个模块下面。

为了响应职业教育课程的改革，很多学校的教材将之前称之为单元或者章节的部分全部替换成了模块，仅仅是将原来的单元或者章节标题改成模块，而内容结构组织和呈现方面却没有改变。因此，课程内容如果以项目为导向，就需要将课程内容进行打散，并根据课程内容知识点、技能点、课程的学习目标等进行重新划分，并且需要将"理实一体化"教学资源体系中的软硬件资源也设计成其中的一个影响因子来考虑，最后为每个模块设定其在整个课程中的比重。

3. 为每个模块设计项目

在 *Project Management Body of Knowledge* 一书中，美国项目管理协会定义项目是一种为了创造某种特别的产品、服务和结果的临时性的工作。蒙晓哲在其《关于投资项目策划的浅见》一文中对项目的解释是：项目是一系列独特复杂并相互联系的活动，每个活动的目标或者目的都必须非常明确，并且要在制定的时间、规定的预算内以及利用有限的资源来完成内容。

项目在课程设计中起着重要的作用，在课程内容的不同知识点和技能点之间建立必要的联系，为学生提供一个目标清晰合理的框架，从而使学生在新知识和旧知识以及不同学科知识之间建立连接，帮助学生能够从整体上把握知识点，使得知识的获取更加全面，提高了学生的学习迁移能力和问题解决的能力。

项目还能为学生提供体验生产过程的机会，有利于学生学习积极性和学习兴趣的调动，并且在项目完成的过程中培养学生的团队意识和合作能力。中职课程项目化对学生获取日后工作岗位的实际经验有非常大的帮助，并且为进入社会之后与企业的能力对接有着十分重要的意义。

根据不同的教学需求，可以通过多种不同类型的项目，从多个方面强化学生的理论知识和技能操作。项目的组织类型一般可分为三个类型：

（1）与实践生产结合的企业项目：该类型的项目是为了重点培养学生实际岗位上的实践能力，通过让学生了解实际的工作内容，培养学生的专业能力和社会能力。

（2）具有模拟性质的训练项目：该类项目把理论知识点和实际的工作岗位进行结合，目的是培养学生系统的学习知识，系统地培养专业技能，既能有效地进行了理论知识的学习，又为学生以后的就业做准备。

（3）以知识点为中心的小型项目：该类项目都是通过对大项目的分解而来的，以某个具体的项目应用为着手点，主要目的是培养学生的知识体系和动手能力。

因此，本部分所指的项目，主要是第三类，以知识点为中心的小型项目，这类项目不需要以校企合作为条件，灵活性较大，既可以通过课堂教学的方式进行，也可以通过实验室实践的方式进行。

在一个模块当中，一旦项目确定下来，还需要考虑项目之间的逻辑关系，项目之间的排列顺序也是非常重要的。一般来说，工作项目有以下三种逻辑关系：

①递进式，项目的排列是按照项目难易程度从低到高排列；

②并列式，项目之间没有明显的关系也没有难易差别；

③流程式，项目之间是按照前后逻辑关系依次进行的。

在具体设计中采用哪种方式需要根据具体情况来定。课程设计到了这里，就应该在每个模块的基础上分解出多个项目，并对这些项目进行规划排序，如表5-8所示。

表5-8 模块划分项目模板表

模块名称＼项目名称	项目1	项目2	……	项目N
模块1				
模块2				
……				
模块N				

4. 为项目设计具体任务

完成项目的划分之后，就需要针对每个项目进行具体的任务设计，任务设计是项目化课程设计的最终目的，通过具体的任务设计来体现课程目标要求的能力目标、方法目标和社会目标。任务的划分表如表5-9所示。

表5-9　任务划分模板表

项目名称	任务1	任务2	……	项目N
项目1				
项目2				
……				
项目N				

（三）"理实一体化"教学资源的软硬件设计

本部分依据"理实一体化"教学资源的建构模型，在设计面向电气工程专业"理实一体化"教学资源的时候，强调理论知识与实际操作有机结合，突出职业教育技能训练的主导地位，注重学生的感知和操作以及学生的主体性。把以往在时间和空间上呈现分离状态的理论教学与实践教学结合起来，在同一时间和空间下同步进行，理论与实践交替进行，理中有实，实中有理，有效地解决教学和实践脱节的问题，减少了理论课程与实践课程之间的知识冗余。

1. 模块化的硬件设计

电气工程专业中，传统教学电子仪器主要由三大功能部分组成：对被测信号的采集与控制、分析与处理、测量结果的表达与存储。传统仪器设备的三大功能模块都是以硬件或者软件烧录的形式存在，存在以下问题：

首先，灵活性和扩展性差。传统的电子仪器是自封闭系统的，有固定的用户界面、组成模块和数据处理能力。

其次，制作成本高，技术更新迭代慢。一般传统的电子仪器价格较贵，动辄十几、二十万甚至更多。而且仪器的开发周期长，功能更新慢，升级困难，同时存在零部件损耗、老化，维修费用高，使用寿命短等问题。

再次，数据显示、分析与存储功能不够强大。传统电子仪器的图形界面比较小，依靠人工读取数据从中获得的信息量少。限制与硬件设备往往无法实现更灵活更特殊的数据分析功能，更难以实现数据编辑、存储、打印等功能。

针对传统教学仪器的这些缺点，引入虚拟仪器的设计思想，利用计算机软件的强大功能来补充和扩展硬件的功能，改变由厂家来设定仪器主要功能，用户无法自己定义的现状，让用户可以根据自己的需求，利用模块化硬件自己设计开发满足需求的仪器功能。

（1）数据采集部分

数据采集是硬件设计的重要部分，它为上位机提供了可靠的数据来源。本部分数据采集设计的部分主要是指通过传感器等元器件进行数据的收集。我们在现实生活中碰到的信号一般都是模拟信号，如某一环境的温度、某一器件的电压电流等，都是随时间变化的模拟信号，而我们的计算机能处理的只能是数字信号。因此，计算机要处理这些信号之前，必须先将其转化成数字信号。同样的，计算机将采集的数据进行处理之后，还需要将这些数字信号还原成模拟信号，才能被硬件正确解析。

因此，数据采集部分最重要的功能是实现模拟信号和数字信号的转换，即从模拟信号到数字信号的A/D在转换和从数字信号到模拟信号的D/A转换。往往在测量中还会经常碰到信号源太弱或者太强等问题，而且，在A/D和D/A转换时，如果测量的是非电压信号还需要将其转化成正常的电压信号，所以还需要信号调节功能单元来处理这类的问题。在整个采集流程中，各仪器之间的信息传递一般以数字信号或者开关量信号的形式进行。因此，整个采集功能不仅仅涉及模拟信号的输入输出操作，同时还包括了数字量、开关量的相关I/O操作。

根据以上分析可以总结硬件的数据采集部分，其需要完成的功能有以下四点：

①对信号进行调整，并将采集的模拟信号转换成数字信号；

②再将数字信号重新转成模拟信号，经过必要的信号调整之后，输出模拟信号；

③对来自其他信号源的数字量和开关量信号进行采集；

④最后将数字量信号与开关量信号一起输出。

（2）数据传输部分

数据传输是"理实一体化"硬件资源的重要组成部分，是负责上位机与下位机之间连接的中介。同时为了方便教师上课演示、操作等，数据传输部分需要突破数据线的物理限制，采用无线通信模块来实现数据的交互。数据传输主要使用了TCP/IP协议与SOCKET通信机制。

TCP/IP协议：TCP/IP是一种网际互联通信协议，它包括两个核心协议TCP和IP。TCP称为传输控制协议，IP称为互联网络协议。TCP/IP模型有四层（应用层、传输层、网际层、网络接口层），每一层分别负责不同的协议和功能，不同的层所包含的多个协议一起组成了TCP/IP协议簇。每一层在实现自身的功能的过程中，需要使用它相邻的下一层提供的服务，同时也为它的相邻的上一层提供服务。

SOCKET通信：SOCKET是整个通信的基础，为基于TCP/IP协议的网络通信提供基础的操作单元。它是网络通信过程中连接点的抽象表示，包含进行网络通信必需的五个基本元素：使用通信的协议，本地主机的IP地址，本地通信协议端口，远地主机的IP地址，远程通信协议端口。根据连接启动的方式以及本地SOCKET要连接的目标，SOCKET之间的连接过程主要分为三个步骤：本地服务器监听端口，远程客户端发出请求，确认本地与远程的连接。

本地服务器监听端口：本地服务端的SOCKET并不会主动去定位具体远程客户端的SOCKET地址，而是一直处于等待远程连接的状态，实时监听本地端口，判断网络状况。

远程客户端发出请求：远程客户端的SOCKET根据需要向服务器的SOCKET发出连接请求的信号。因此，客户端的SOCKET再请求信息里面要描述具体连接的服务器SOCKET的IP地址与端口号。

确认本地与远程的连接：当服务器端的监听程序检测到客户端SOCKET的连接请求，需要立马响应该请求，于是本地服务器创建一个先启动的线程来建立连接，把服务器的具体信息返回给远程客户端，一旦客户端确认了该连接信息，线程就会确认该连接有效。同时，服务器又会继续对端口进行监听，为其他客户端的请求做准备。

（3）实时反馈与外设扩展

"理实一体化"教学要求能够调动学生的学习主动性和积极性。因此，硬件资源除了数据收集与数据传输的功能之外，还需要与学生有个交互的过程。主要表现在接受上位机命令，并完成相应的动作，给学生一个非常直观的反馈，同时硬件资源能够让学生参与组装设计，利用外部设备扩展功能模块。

实时反馈：下位机在接收到上位机的指令时，能够执行相应的代码片段，完成相应的行为动作，整个过程要尽量避免数据传输的延迟。

外设扩展：硬件资源依据模块化的设计思路，为各种外部设备的接入提供了公共的接口。为学生的交互提供了多种可能。

2．一体化软件设计

"理实一体化"教学资源的软件部分主要完成三部分内容，设计提供基础服务和数据传输功能的网络服务系统，围绕项目化课程教学设计相应的虚拟仿真资源，以及提供教师备课为目的的一体化PPT插件开发。三部分内容相互联系，结合紧密。

（1）网络服务系统

网络服务系统是连接课件与硬件资源的桥梁，一方面负责软件与硬件之间的数据通信，另一主要任务是负责数据的处理。

数据通信：由于虚拟仿真资源与硬件资源之间需要频繁地交换数据，因此，本部分设计了专门统一处理和转发请求的网络服务系统，系统接受虚拟仿真资源的数据请求，根据请求内容，组织成特定格式的协议内容，然后将协议内容发送到硬件端。硬件端根据协议格式，判断请求内容，然后执行相应的动作或者反馈信息到服务系统，通过服务系统再转发到请求发出方。

数据处理：数据处理是整个服务系统的核心任务。得益于软件的灵活性，将传统电子仪器的数据处理、分析、存储的功能搬到服务器上，大大增加了仪器的扩展性。硬件传感器持续将采集到的数据发送到网络服务系统，网络服务系统通过不同的处理方式为虚拟仿真资源的具体需求提供数据结果。

（2）虚拟仿真资源

虚拟仿真资源是通过软件实现对硬件资源的一种功能补充和扩展，也是硬件资源与课程内容交互的桥梁。本部分设计的仿真资源包括基础的仿真串口调试工具、虚拟示波器以及课程相关的"理实一体化"虚拟仿真实验，以Flash为开发工具，可以通过无线模块与教学机器人远程连接，并且通过调用网络服务系统实现与教学机器人的交互。

仿真串口调试工具：为了突破物理数据线的限制，本部分设计一体化软件系统与硬件通信的方式时采用了无线Wi-Fi通信的形式。因此，为了课堂演示的时候能够模拟传统电子仪器上位机与下位机通过串口通信的过程，帮助学生理解教学硬件设备的底层运行机制，本部分以Windows平台串口调试工具软件为模板，设计了仿真串口调试工具，模拟了串口通信过程中打开/关闭串口、数据接收、发送等过程。

虚拟示波器：虚拟仪器的理念是"软件即仪器"，通过将高性能的硬件模块化并集成，并利用软件的灵活性特点来完成各种采集、测试和自动化的应用。因此，如何通过软件来呈现硬件端的数据参数是虚拟仪器最重要的一部分，通过用户自定义软件的功能和可视化的界面，打破传统电子仪器将软件固化在硬件里面的局限性与封闭性。虚拟示波器主要用来可视化数据的采集情况，基本上算是一种虚拟的图形显示设备，主要呈现的波形有正弦波、方波、矩形波、锯齿波、三角波等。

虚拟仿真教学实验：本部分对虚拟仿真教学实验的界定是：一切以教学为目的，模拟仿真现实中的一些实验操作和具体模型，表现形式可以是具有教学性质的动画、具有交互性的游戏、具有三维效果的教学模型。虚拟仿真教学实验的设计需要依赖具体的某门专业课程，根据课程内容的需要，知识点和技能点的整理，设计需要真实的一些教学实验，然后根据真实的教学实验以Flash为开发工具，开发课堂教学使用的虚拟仿真教学实验。

（3）PowerPoint插件

考虑到传统PPT课件普及性以及教师的使用习惯，本部分将虚拟仿真资源通过PPT插件的形式集成到课件里面，既保留了教师对传统教学工具（PPT）的使用习惯，又保证了跨系统平台的教学应用，减少了虚拟仿真资源的开发成本，更为关键的是实现了课堂教学与实践应用的无缝衔接，方便课程实验教学的开展和学生专业技能的培养。

插件的设计主要涉及两方面：

插件界面的设计：以PowerPoint的界面风格为基础，在PowerPoint的菜单栏上添加一个加载项按钮，提供一个虚拟仿真资源的入口按钮。虚拟资源以列表的形式分类呈现，并设计相应的图标进行提示资源的具体功能。

虚拟仿真资源的加载：将虚拟仿真资源分类打包，为每一个资源添加路径标志，并与插件界面的每个虚拟仿真资源按钮进行对接。

三、面向电气工程专业的职业教育"理实一体化"教学资源案例开发

在上一部分面向"理实一体化"教学的职业教育教学资源设计的基础上，本部分以中职电气工程专业《单片机C语言》中的"循环结构程序设计"作为实际课程案例进行开发，以项目化的课程设计方法设计具体的学习任务，根据学习任务开发针对性的虚拟仿真资源。

（一）项目化课程设计

传统单片C语言教学的教材与教学设计，基本都是围绕教学上的程序计算与算法实现来展开的，强调学生对知识体系的建立。这样的教学方法已经不太适应现代教育的需求，尤其是针对嵌入式开发或自动化系统设计类学生。因此，本部分依据"理实一体化"的特点，将单片机控制的教学机器人引入《单片机C语言》的课程，并以"循环结构程序设计"章节为例，采用单片机为控制器作为C语言学习实践的目标硬件，使学生能够迅速深入学习C语言的各种灵活功能，了解如何编写程序让单片机与外围设备和电路进行交互。

1. 课程目标

根据C语言的特性，以及中职学生的学习特点，本部分结合了教学机器人与仿真资源的优势，结合具体操作项目，为《单片机C语言》的"循环结构程序设计"章节设立以下目标，如表5-10所示：

表5-10　课程目标设定

课程目标		
专业能力	方法能力	社会能力
培养中职学生的基本C语言编程思想和编程技能，掌握有关for循环、while循环、do-while循环结构的运用，能自己通过循环嵌套，控制教学机器人的方向运动。为下一章的函数运用打下基础	培养学生对课程学习的兴趣和自主学习的能力，能利用课余时间独立完成程序的编写和烧录，为之后的课程做充分的准备	使学生能够对机器人教学的方式感兴趣，并能够通过相互之间的讨论和协作，完成对教学机器人的运动控制，具备初步的C语言程序设计能力，为将来的嵌入式开发或者自动化系统设计开发打下坚实的基础

2. 课程项目设计

循环结构是程序的基本结构之一，几乎所有的程序都包含循环结构。循环可以减少代码的重复编写的工作量，用来表示程序中需要循环执行的算法逻辑，是程序设计中最能发挥计算机性能的程序结构。

本部分根据C语言特点和C51单片机的功能，通过单片机的输入/输出接口控制机器人的运动，利用教学机器人来学习和实践循环结构程序的设计相关知识和技能，使循环结构通过现实中教学机器人的现场交互来体现，使程序的设计变成一个自然的逻辑设计的过程。

本部分为《单片机C语言》中"循环结构程序设计"章节设计的项目名称和描述如表5-11所示：

表5-11　项目设计

序号	项目名称	项目描述
项目	让机器人动起来—C语言循环结构程序的设计	利用C语言的循环程序设计结构的语法逻辑，通过程序的编写控制教学机器人能按照制订要求运动

3. 项目具体任务设计

本部分依据从简到难的原则，为每个项目设计了跟知识点和技能点对应的任务。从最简单的利用循环语法来控制发光二极管的闪烁，再到控制机器人伺服电动机的转动，到最后控制整个教学机器人的运动，任务的设置如表5-12所示：

表5-12　项目任务设置

项目名称	任务一	任务二	任务三	任务四
让机器人动起来C语言循环程序的设计	控制发光二极管的闪烁	控制教学机器人的伺服电机转动	通过循环语句的设计，控制教学机器人轮子的转动次数	通过循环语句的设计，最终控制教学机器人的前进、后退、左转、右转

（1）控制LED灯的闪烁：通过教学机器人上面的面包板，搭建发光二极管电路，使用for循环、while循环两种语法，来实现发光二极管亮灭的循环过程，并控制两只发光二极管的交替亮灭，实现跑马灯效果。

（2）控制教学机器人的伺服电机转动：连接伺服电机电路，通过C语言实现伺服电机电路高低电平的交替，控制电机的转动，包括正向转动和逆向转动。

（3）控制教学机器人轮子的转动次数：使用for循环、while循环控制电机的转动时间，并掌握自增和自减语法的功能。

（4）控制教学机器人的前进、后退、左转、右转：在掌握for循环和while循环的基础上，对这两种循环语法的进阶应用，并通过串口调试工具与教学机器人进行数据交换，从而控制教学机器人的运动方向，并掌握scanf语法的具体应用。

（二）辅助教学的软件与硬件资源开发

本部分辅助教学的软件与硬件的开发紧紧围绕上一节关于《单片机C语言》的项目化课程设计展开。首先，搭建基于JavaWeb的Web Service网络服务系统，完成网络服务系统的网络通信与数据处理的功能，形成软件与硬件相互通信的基础平台。其次，基于FLASH开发套件，针对具体课程内容开发相关的虚拟仿真资源，并以PPT课件为载体，设计开发了一体化的插件，将课程内容与虚拟仿真资源进行整合。最后，在C51单片机教学机器人的基础上，加入无线Wi-Fi模块，实现数据的无线交换。

1. 网络服务系统的实现

网络服务系统在SPRING+HIBERNATE+SPRING MVC的框架基础上搭建，底层采用TCP/IP协议以及SOCKET通信方式与硬件进行数据交换，突破了数据线连接的物理限制，实现了远程访问的功能。该平台主要实现两大功能，即供AS调用的Web Service网络服务及与硬件交互的SOCKET通信。

（1）Web Service功能模块实现

Web Service是指在网络平台注册业务功能，使两个电子设备能够相互通信，实现一种平台无关的、分布式的应用程序，其技术特点是平台无关性、调用方式便捷、分布式友好性等。Web Service为其他应用提供一个统一的URL入口，实现不同平台之间可以通过同样的URL链接进行相互通信。其核心功能是SOAP、WSDL、UDDI，它们都是基于XML的，利用XML建立协议。

本部分采用Spring-WS2.0作为Web Service框架。Spring-WS即Spring Web Service，对SOAP协议提供了完美的支持，且通过WSDL文档的契约优先方式对安全权限提供了有力的保障。要完成Web Service的功能，并能够接受软件端的请求，需要在服务端引入JAXB2，同时Spring-WS2.0支持将XSD文档自动转换成

WSDL，就可以不用直接编写复杂的WSDL。

（2）SOCKET通信

为了完成与硬件的交互，需要连接到与硬件WIFI模块相同的网段，通过IP地址来找到我们的教学机器人。将接收到的Web Service请求整合成可以方便硬件解析的字符串形式。

2. 辅助教学的硬件资源开发

本部分设计教学辅助硬件是以C51-AVR教学板机器人为原型的教学机器人套件，按照可插拔组件方式组织硬件功能模块。为了突破数据线的物理限制，实现机器人与教学课件和虚拟仿真资源的无线交互，本部分在C51-AVR教学机器人基础上，利用AT89S52微控制器，重新设计了单片机微控制器教学板，加入了串口转WIFI的RMO4 WIFI模块，通过TCP/IP协议与SOCKET通信方式，实现了教学机器人到网络服务系统再到一体化课件的无线通信模型，从而达到远程交互的目的。

（1）基于AT89S52微控制器的单片机教学板

AT89S52是一种高性能低功耗的CMOS 8位微控制器芯片，拥有一个8K FLASH可编程、可擦除的只读存储器。早期的单片机应用程序开发通常需要仿真机、编程器等配套工具，而这些配套工具通常都价格不菲。而AT89S52则不需要这些配套设施，只需要一条ISP电缆就可以针对单片机的FLASH反复擦写1000次以上，使用起来非常方便、简单，最适合针对初学者教学使用，配置灵活、扩张性强。

（2）RMO4 WIFI模块

WIFI无线模块是单片机的核心功能模块，本部分采用的串口转WIFI模块是由海凌科技公司推出的低成本嵌入式UART-ETH-WIFI模块HLK-RMO4，内置TCP/IP协议栈与IEEE801.11协议栈，能够实现设备串口、以太网与无线网之间的相互转换。

RMO4配合Q1、Q2三极管组成的3.3V电平与5V电平的转换电路，提供了一条WIFI模组的3.3V I/O口电压与单片机5V I/O口电压能通讯的通道。它与单片机的串口相连接，实现了单片机的串口可以与网络服务系统直接通讯的能力。

参 考 文 献

[1] 涂仕媛，卢月萍，曹乃龙．职业教育学研究新论［M］．北京：教育科学出版社，2007．

[2] 赵志群．职业教育与培训学习新概念［M］．北京：科学出版社，2003．

[3] 宋玉良．区域中等职业教育教学研究现状与发展对策研究［D］．济南：山东师范大学出版社，2006．

[4] 申剑飞．基于云平台的职业教育教学资源库设计与实现［D］．湖南：湖南大学出版社，2014．

[5] 徐国庆．实践导向职业教育课程研究：技术学范式［M］．上海：上海教育出版社，2005．

[6] 刘春生，徐长发．职业教育学［M］．北京：教育科学出版社，2002．

[7] 张小红．职业教育教学模式改革和创新——评《职业教育课程教学改革》［J］．广东：高教探索，2020（3）：1．

[8] 马树超，郭扬．中国高等职业教育历史的抉择［M］．北京：高等教育出版社，2009．

[9] 张励，张甜甜．基于互联网+的职业院校教学资源库建设研究［J］．江西：南方农机，2019，50（21）：169—169．

[10] 匡瑛．比较高等职业教育：发展与变革［M］．上海：上海教育出版社，2006．

[11] 朱星荧．我国高等职业教育教学质量保障体系完善研究——基于全面质量管理（TQM）理论的视角［D］．武汉：华中师范大学，2011．

[12] 肖化移．审视高等职业教育的质量与标准［M］．武汉：华东师范大学出版社，2006．

[13] 王毅，卢崇高，季跃东．高等职业教育理论探索与实践［M］．南京：东南大学出版社，2005．

[14] 王伟宵．"互联网+"背景下河北职业教育教学资源库建设与应用研究［J］．2021．

［15］申文缙．基于"学习领域"课程方案的德国职业教育教学大纲研究［D］．天津：天津大学，2007．

［16］严中华．职业教育课程开发与实施：基于工作过程系统化的职业教育课程开发与实施［M］．北京：清华大学出版社，2009．

［17］徐国庆．职业教育课程论［M］．武汉：华东师范大学出版社，2015．

［18］张顾．职业教育教学资源库云平台的设计与实现［D］．湖南：湖南大学，2019．

［19］王晓萍．基于Web的某职业院校教学管理系统的设计与实现［D］．厦门：厦门大学，2016．

［20］徐国庆．职业教育原理［M］．上海：上海教育出版社，2007．

［21］耿凤英．高等职业教育教学质量评估的研究［D］．武汉：武汉理工大学，2004．

［22］陈华．职业院校教学质量监控体系的管理研究［D］．福州：福州大学，2014．

［23］马树超，郭扬．高等职业教育：跨越·转型·提升［M］．北京：高等教育出版社，2008．

［24］石伟平．比较高等职业教育：发展与变革［M］．上海：上海教育出版社，2006．

［25］姜大源．当代世界职业教育发展趋势研究［M］．北京：电子工业出版社，2012．